DAS KINDER-NÄHMASCHINEN-

COPPENRATH

INHALT

Am Anfang! Grundlagen

Der Gradstich 8

Der Zickzackstich 9

Das Vernähen 9

Das Stecken 10

Die Nahtzugabe 10

Füßchenbreit nähen 11

Nahtauftrennen 11

Das Versäubern 12

Linke & rechte Stoffseite 12

Freiarm nähen 12

Um die Ecke nähen
mit Wendeöffnung 13

Bänder nähen 15

Handnähen 16

Ecken abschneiden 17

Rund nähen 17

Stoff, Schnittmuster,
Hilfsmittel & Co 18

Volumenvlies 22

Bügelvlies 23

Los geht´s! Einfache Projekte

Projekt 1: Kissen 26

Projekt 2: Schürze 30

Projekt 3: Stoffbeutel 34

Projekt 4: Pinselrolle 38

Projekt 5: Stiftemäppchen 42

Projekt 6: Handtasche 46

Projekt 7: Heftumschlag 50

Projekt 8 + 9: Rock & Loop 54

Weiter geht´s! Aufwendigere Projekte

Projekt 1: Kulturbeutel 62

Projekt 2: Übernachtungstasche 66

Projekt 3: Pyjamahose 70

Projekt 4: Schlafmaske 74

Projekt 5: Shirt 76

Projekt 6: Tellerrock 80

Projekt 7: Handytasche 84

Projekt 8: Korb 86

Projekt 9: Rucksack 90

Schwierigkeitsstufen

leicht   mittel   schwer

DEINE NÄHMASCHINE

Das Bügeln

Vor dem Nähen solltest du den Stoff immer bügeln. Daher stelle am besten ein Bügelbrett mit Bügeleisen bereit, wenn du nähst. Lass dir beim Bügeln gegebenenfalls von einem Erwachsenen helfen.

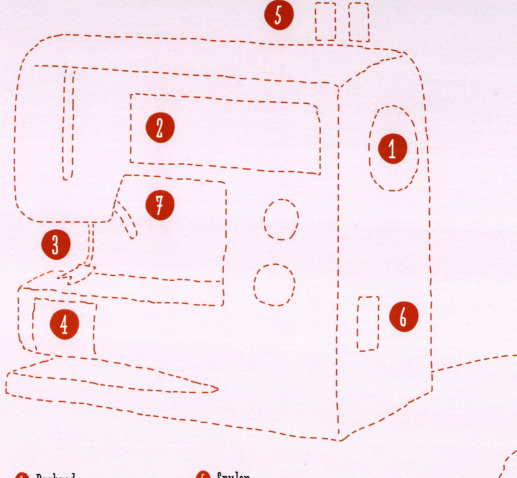

1. Drehrad
2. Anzeige & Einstellungen (Strichbreite und -länge)
3. Nähfüßchen
4. Freiarm
5. Spulen
6. Hebel für rückwärts
7. Hebel zum Senken des Nähfüßchens
8. Pedal

FÜR DEN ANFANG BRAUCHST DU FOLGENE MATERIALIEN

Stoffteile

**1 x Stoff 1
(ca. 20 cm x 20 cm)**
Geradstich und Zickzackstich

**2 x Stoff 2
(ca. 10 cm x 15 cm)**
Nahtzugabe und Versäubern

**2 x Stoff 3
(ca. 12 cm x 12 cm)**
Um die Ecke nähen, Nadelkissen nähen und Handnähen

**2 x Stoff 4
(rund ca. 10 cm)**
Rund nähen

**1 x Stoff 5
(25 cm x 8 cm)**
Band nähen

1. Maßband
2. Lineal & Geodreieck
3. Schere groß & klein
4. Nahtauftrenner
5. Schneiderkreide
6. Garnrollen mit weißem Garn und Farbe passend zum Stoff
7. Unterspulen für die Nähmaschine
8. Folie für Schnittmuster & Folienstift (wasserfest)
9. Kissenfüllung
+ Nähnadel zum Handnähen und Stecknadeln

AM ANFANG!
... MACHST DU DICH MIT DEINER NÄHMASCHINE VERTRAUT. HIER WIRD GEZEIGT, WIE ES GEHT.

DER GERADSTICH

DER ZICKZACKSTICH

DAS VERNÄHEN

DAS STECKEN

DIE NAHTZUGABE

FÜSSCHENBREIT NÄHEN

NAHTAUFTRENNEN

DAS VERSÄUBERN

LINKE & RECHTE STOFFSEITE

FREIARM NÄHEN

UM DIE ECKE NÄHEN MIT WENDEÖFFNUNG

BÄNDER NÄHEN

HANDNÄHEN

ECKE ABSCHNEIDEN

RUND NÄHEN

STOFF, SCHNITTMUSTER, HILFSMITTEL UND CO.

VOLUMEN- & BÜGELVLIES

Grundlagen

Der Geradstich und die Stichlänge

Zuerst üben wir den Geradstich. Dafür verwenden wir den grünen Stoff (**Stoff 1** s. S. 7).

Als Erstes fädelst du den Faden in die Maschine ein. Damit du die Naht besser erkennst, starten wir mit buntem Garn. Wenn du das farbige Garn eingefädelt hast, stellen wir die Maschine ein: Du stellst den Geradstich ein. Das bedeutet, dass die Naht in einer geraden Linie verläuft.

Geradstich

Stelle die Stichlänge ein: zwischen 2 und 2,5.

Stichlänge

> **Stichlänge**
> An deiner Nähmaschine kannst du die Stichlänge verändern. Stichlänge bedeutet, wie lang die einzelnen Stiche hintereinander sind.

Lege den Stoff unter das Nähfüßchen und senke es am Hebel.

Nähfüßchen senken

Stelle deinen Fuß auf das Pedal, den Anlasser, und drücke es langsam herunter. Die Maschine beginnt automatisch zu nähen. Du kannst selbst bestimmen, wie schnell oder langsam du nähen möchtest, indem du den Fuß fester oder schwächer auf das Pedal drückst.

Nähe einmal den Stoff herunter. Bevor du den Stoff herausziehst, hebst du das Nähfüßchen am Hebel an. Schneide den Faden so ab, dass mindestens 15 cm Faden an der Maschine bleiben.

Faden abschneiden

Du kannst die unterschiedlichen Stichlängen ausprobieren, indem du die entsprechende Zahl verstellst. Nähe in verschiedenen Stichlängen und vergleiche die Nähte.

8

Grundlagen

Der Zickzackstich und die Stichbreite

Stelle bei deiner Nähmaschine das Programm für Zickzackstich ein. Das bedeutet, dass die Naht später im Zickzack zu sehen ist.

Stelle die Stichlänge auf 1,5 ein, dort wo du es auch beim Geradstich eingestellt hast (Stichlänge s. S. 8).

Zickzackstich

Genähter Zickzackstich

Verstelle die Stichbreite und die Stichlänge. Nähe ein paar Nähte und vergleiche die Ergebnisse von unterschiedlichen Einstellungen.

Das Vernähen

Damit sich deine Naht nicht wieder auflöst, musst du die Fadenenden vernähen. Das machst du, indem du am Anfang und am Ende vor und zurück nähst, mithilfe der Rückwärtstaste.

Jetzt stellst du noch die Stichbreite ein, also die Größe der Zacken.

Stichbreite

Rückwärtstaste

Zum Üben legen wir **Stoff 1** ein. Senke das Nähfüßchen. Nähe einmal den Stoff herunter. Hebe das Füßchen, nimm den Stoff heraus und schau dir den Stich an.

Lege den **Stoff 1** unter dein Nähfüßchen und senke es. Nähe drei Stiche langsam vorwärts, stoppe. Nähe drei Stiche rückwärts, indem du die Taste gedrückt hältst. Dann nähst du ganz normal vorwärts. Nähe bis kurz vor Stoffende, dort drei Stiche rückwärts und drei Stiche vorwärts, um die Naht zu vernähen.

> **Stichbreite**
>
> An deiner Nähmaschine kannst du die Stichbreite verändern. Stichbreite bedeutet, wie groß die Zacken werden, also die einzelnen Stiche auseinanderliegen. Die Grundbreite beim Zickzackstich ist 5.

9

Grundlagen

Das Stecken

Damit sich übereinanderliegende Stoffteile nicht verschieben, steckst du sie mit Stecknadeln zusammen. Wenn du die Stecknadeln genauso wie auf dem Foto steckst, also quer zur Naht, kannst du über die Nadeln hinwegnähen. Falls du an der Stecknadel beim Nähen hängen bleibst, stoppe die Maschine und ziehe die Nadel heraus. Dann nähst du einfach weiter.

Stecken quer zur Naht

Manchmal kannst du die Stecknadeln nur längs zur Naht stecken. Dann müssen die Nadeln während des Nähens herausgezogen werden. Achte auf die Hinweise bei den einzelnen Nähprojekten.

Stecken längs zur Naht

Probiere es mit **Stoff 2** aus. Lege die beiden blauen Stoffteile aufeinander und stecke sie zusammen, indem du einige Stecknadeln nimmst und sie quer, wie auf dem oberen Foto, durch beide Stofflagen pikst. Nimm nur so viele Nadeln wie nötig. Wenn du zu viele nimmst, wellt sich der Stoff, und du kannst beim Nähen eher hängen bleiben. Stecke den Stoff rundherum einmal fest.

Die Nahtzugabe

Die Nahtzugabe ist der Abstand zwischen deiner Naht und dem Stoffrand. In der Regel ist das 1 cm, es kann manchmal aber auch mehr oder weniger sein. Die Nahtzugabe wird bei den Projekten immer angegeben.

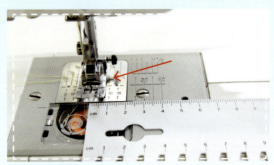

Nahtzugabe an der Nähmaschine

Unter deinem Nähfüßchen findest du auf der Nähmaschine entweder Zahlen oder Striche. Du legst die Stoffkante an der 10 an, um 1 cm Nahtzugabe zu erhalten.

Nahtzugabe abmessen

Wenn du keine Zahlen hast, nimm ein kleines Lineal und miss 1 cm von deiner Nähnadel aus ab. Ein Strich müsste markieren, wo 1 cm Abstand ist. Entsprechend findest du Striche bei 0,5 cm, 1,5 cm, 3 cm oder 4 cm für entsprechende Nahtzugaben.

Grundlagen

Nimm wieder **Stoff 2**, den du mit Stecknadeln schon zusammengesteckt hast, und stelle wieder den Geradstich ein, mit einer Stichlänge zwischen 2 und 2,5.

Lege den Stoff mit einer Nahtzugabe von 1 cm unter dein Nähfüßchen. Oben legst du den Stoff so ein, dass der erste Stich so nah wie möglich am oberen Stoffrand ist. Der erste Stich muss aber unbedingt im Stoff sein.

Stoff einlegen mit Nahtzugabe 1 cm

Senke das Nähfüßchen. Nähe langsam los. Achte darauf, dass die Stoffkante die ganze Zeit an dem Strich (1 cm) entlangläuft. Nähe einmal komplett an der Kante entlang.

Soffkante auf 1 cm

Füßchenbreit nähen

„Füßchenbreit nähen" bedeutet, du legst den Stoff direkt an das Nähfüßchen an. Meistens ist der Stoffrand an der rechten Seite des Füßchens.

Füßchenbreit

Nahtauftrennen

Wenn du dich mal vernäht hast, kannst du die Naht mit dem Nahtauftrenner ganz einfach wieder auftrennen.

Auftrennen

11

Grundlagen

Freiarm nähen

Damit kannst du rundherum geschlossene Nähstücke nähen, wie zum Beispiel den Loopschal oder den Beutel. Der rundherum geschlossene Stoff wird mit der einen Seite zwischen das Nähfüßchen und mit der anderen Seite unter die Maschine geschoben.

Das Versäubern

Damit der Stoff am Rand nicht ausfranst und die Naht aufgeht, sollte man ihn versäubern. Das machst du mit dem Zickzackstich. Stelle dafür den Zickzackstich ein: Stichbreite 5, Stichlänge 1,5 (**Zickzackstich** s. S. 9).

Wenn du mit einer Nahtzugabe von 1 cm genäht hast, legst du deine genähte Naht (gelb) linksbündig an dein Nähfüßchen. Du nähst mit dem Zickzackstich an deiner genähten Naht entlang.

Vernähe den Anfang und das Ende, um es zu üben (**Vernähen** s. S. 9).

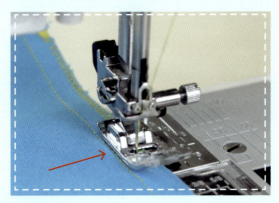

Versäubern

Achtung:

Wenn der Zickzackstich nicht deinen Stoff trifft oder ganz auf dem Stoff ist, hast du die Nahtzugabe von 1 cm beim Geradstich nicht eingehalten. Nähe einfach noch mal den Stoff mit dem Geradstrich herunter und achte auf den richtigen Abstand bei deiner Nahtzugabe.

Linke & rechte Stoffseite

Jeder Stoff hat eine rechte (schöne) und eine linke (weniger schöne) Seite. Genäht wird auf der linken (weniger schönen) Seite. Wenn du zwei Stoffteile zusammennähen möchtest, legst du die Stoffteile mit den schönen Seiten aufeinander.

Linke / rechte Stoffseite

Freiarm nähen

Bei manchen Projekten musst du mit dem Freiarm nähen. Dabei nimmst du den Freiarm vorn an der Maschine heraus. Sieh in deiner Gebrauchsanweisung nach, wie das bei deiner Maschine funktioniert.

Freiarm herausnehmen

Um die Ecke nähen mit Wendeöffnung

Wendeöffnung:

Da immer auf der nicht schönen Seite des Stoffes genäht wird, muss der Stoff irgendwann auf die schöne Seite gedreht werden. Dafür lässt man eine Wendeöffnung. Sie ist auf den Schnittmustern eingezeichnet. Die Öffnung ist mal größer und mal kleiner. Den Anfang und das Ende der Wendeöffnung musst du vernähen (**Vernähen** s. S. 9).

Um die Ecke nähen:

Nimm jetzt die beiden gelb gemusterten Stoffe (**Stoffe 3**). Lege sie mit den schönen Seiten aufeinander (**linke/rechte Seite** s. S. 12). Stecke in jede Seite eine Nadel quer (**Stecken** s. S. 10).

Male an jeder Seite unten, 1 cm vor Stoffende, einen kleinen Strich mit der Schneiderkreide. Zusätzlich malst du an einer Seite, in der Mitte, zwei Striche mit einem Abstand von ca. 3 cm, das ist die Wendeöffnung.

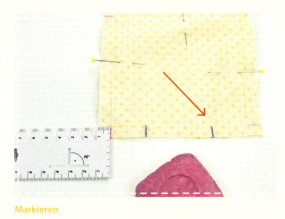

Markieren

Lege den Stoff unter das Nähfüßchen mit 1 cm Nahtzugabe (**Nahtzugabe** s. S. 10). Du beginnst an dem Kreidestrich der Wendeöffnung.

Stoff einlegen

Senke das Nähfüßchen und vernähe (**Vernähen** s. S. 9). Dann nähe bis zum 1. Kreidestrich am Rand. Damit die Nadel im Stoff steckt, drehst du am großen Rad an der Seite der Nähmaschine zu dir hin, bis die Nadel sich senkt.

Nadel in Stoff

> **Um die Ecke nähen**
>
> Um die Ecke nähen bedeutet, dass der Stoff am genähten Ende nicht herausgenommen wird, sondern dass man den Stoff um 90 Grad dreht und weiternäht.

Grundlagen

Grundlagen

Hebe das Nähfüßchen. Drehe den Stoff im rechten Winkel, sodass der Stoffrand wieder an der 10 liegt. Senke das Nähfüßchen. Nähe wieder runter bis zum nächsten Kreidestrich und drehe den Stoff erneut. Die beiden anderen Seiten nähst du genauso.

Stoff drehen

Wenn du an dem zweiten blauen Kreidestrich (Wendeöffnung) angekommen bist, vernähst du wieder. Versäubere die Kanten (**Versäubern** s. S. 12), nicht die Nahtzugabe in der Wendeöffnung.

Nähen bis zur Markierung

Schneide alle Fäden ab und nimm die Stecknadeln heraus. Schneide die genähten Ecken schräg ab (**Ecken abschneiden** s. S. 17).

Ecken abschneiden

Stülpe den Stoff durch die Wendeöffnung, sodass die schöne Seite nach außen kommt.

Stoff wenden

Bügle nun den Stoff, dabei sollte die Wendeöffnung nach innen gebügelt werden. Stopfe die Kissenfüllung hinein.

Nun nähe von Hand mit einer Nähnadel die Wendeöffnung zu (**Handnähen** s. S. 16).

Wendeöffnung zunähen

Fertig ist dein Nadelkissen!

Grundlagen

Bänder nähen

Nimm **Stoff 5**. Lege den Stoff mit der nicht schönen Seite nach oben vor dich hin. Schlage den Stoff längs um und bügle die Kante glatt.

1. Kante

Klappe den Stoff wieder auf. Nimm den Stoffrand, schlage ihn bis zur Mitte um und bügle die Kante.

2. Kante

Die andere Seite bügelst du genauso.

3. Kante

Schlage das Band ein weiteres Mal um und bügle die Kanten.

letzte Kante

Lege das Band mit einer Nahtzugabe von 0,5 cm unter dein Nähfüßchen (**Nahtzugabe** s. S. 10). Nähe die offene Seite zu.

Band nähen

15

Grundlagen

Handnähen

Um Wendeöffnungen zu schließen, nähst du mit der Hand. Dafür fädelst du den Faden in die Nadel ein und machst am langen Fadenende einen Knoten.

Du stichst wieder durch die beiden Stofflagen und führst den Faden wieder durch die Schlaufe. So fährst du fort, bis du die komplette Öffnung geschlossen hast.

Faden einfädeln

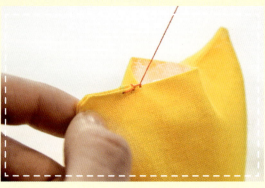
Nähen

Du stichst von innen nach außen durch den Stoff, damit der Knoten innen liegt. Dann stichst du einmal durch beide Stofflagen und ziehst den Faden durch die Schlaufe. Ziehe den Faden fest.

Am Ende führst du den Faden mehrfach durch die entstandene Schlaufe und ziehst den Faden fest.

Anfang nähen

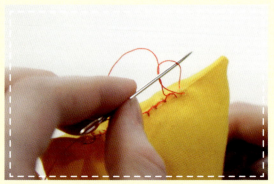
Ende nähen

Grundlagen

Ecken abschneiden

Bei manchen Projekten hast du Ecken genäht. Damit du, nachdem du den Stoff auf die schöne Seite gedreht hast, tolle Ecken hast, musst du sie vorher schräg abschneiden. Du darfst aber auf keinen Fall die Naht mit abschneiden.

Abschneiden

Rund nähen

Wenn die Stoffkante ca. 2 mm von der 10 weg ist, senkst du die Nähnadel in den Stoff (mit dem Rad an der Seite der Nähmaschine).

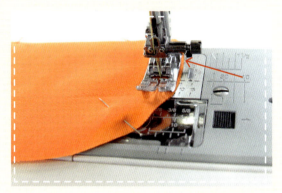

Stoff drehen

Hebe dann das Nähfüßchen und drehe den Stoff so, dass die Kante wieder an der 10 liegt.

Senke den Fuß und nähe wieder, bis der Stoffrand 2 mm von der 10 weg ist. Senke die Nähnadel in den Stoff, hebe das Nähfüßchen und drehe den Stoff. Senke das Nähfüßchen und nähe erneut. Das machst du so lange, bis du wieder am Anfang angekommen bist. Anschließend vernähst du die Naht (**Vernähen** s. S. 9).

Rund nähen

Rund nähen bedeutet, dass die genähte Naht wie ein Kreis aussieht.

Nimm die beiden orangen, runden Stoffstücke (**Stoff 4**). Lege die schönen Seiten aufeinander. Stecke sie mit einigen Nadeln quer zum Rand fest (**Stecken** s. S. 10). Achte darauf, dass die Nadeln senkrecht zur Naht gesteckt sind.

Lege den Stoff so unter das Nähfüßchen, dass du die Nahtzugabe 10 direkt neben der Nähnadel siehst. Senke das Nähfüßchen und vernähe. Fange langsam an zu nähen.

Tipp

Mit dieser Technik kannst du ganz kleine Kreise nähen. Bei größeren Kreisen kannst du versuchen, den Stoff während des Nähens zu schieben. Aber wenn das nicht funktioniert, mache es wie hier beschrieben.

17

Grundlagen

Stoff, Schnittmuster, Hilfsmittel & Co.

Neben dem Einfädeln und den Grundnähtechniken solltest du auch etwas über den Stoffkauf und einige Begriffe zum Nähen deiner Projekte wissen.

1. Stoff kaufen

Wenn du Stoff kaufst, liegt er auf einem Stoffballen. Die Breite des Ballens nennt man Stoffbreite. Es gibt unterschiedliche Breiten: 100 cm, 120 cm, 140 cm, 160 cm usw. Dieses Maß ist fest, denn du kannst immer nur Stoff der ganzen Breite kaufen.

Wie viel Stoff du kaufst, nennt man die Stoffmenge, also die Länge des Stoffes. Diese kannst du frei wählen, je nachdem, wie viel Stoff du benötigst.

Stoffballen – Breite / Menge

Bei den Nähprojekten ist immer die Stoffbreite und Stoffmenge angegeben. Die wirklich benötigte Stoffbreite steht in Klammern neben der Stoffbreite (Ballen). Es fallen gegebenenfalls Stoffreste an, die du noch weiter benutzen kannst.

2. Webkante

Die Webkante erkennst du daran, dass der Stoff an der Kante kleine Löcher hat, manchmal ist auch der Name des Stoffherstellers draufgedruckt. Die Webkante ist wichtig für den Fadenlauf.

Webkante

3. Fadenlauf

Der Fadenlauf ist wichtig, damit der Stoff später schön fällt und das Muster auf deinem Stoff in die richtige Richtung zeigt. Der Fadenlauf hat bei den Nähprojekten in diesem Buch immer eine Pfeilrichtung. Sie zeigt in die Richtung deines Musters. Bei mehreren Schnittteilen pro Nähprojekt müssen die Pfeile beim Auflegen auf den Stoff immer in dieselbe Richtung zeigen. Er verläuft parallel zur Webkante oder zum Stoffbruch.

Fadenlauf/Pfeilrichtung

Grundlagen

4. Schnittmuster übertragen

Du findest in diesem Buch vier große Bogen Papier (Schnittbogen 1–4). Auf diesen sind alle Nähprojekte aufgezeichnet.

Schnittmusterbogen

Einige Nähprojekte sind nur halb aufgezeichnet, sie müssen im Stoffbruch gelegt werden. Was das heißt, liest du beim **Stoffbruch** (s. S. 21).

Auf dem Schnittmuster suchst du dein Nähprojekt heraus. Du legst ein Stück durchsichtige Folie – die kannst du in jedem Stoffgeschäft kaufen – auf die Teile für das Nähprojekt und steckst sie mit einigen Stecknadeln am Bogen fest.

Zeichne alle Schnittteile mit einem wasserfesten Stift möglichst genau nach. Übertrage auch alle übrigen Angaben, die auf dem Schnittbogen stehen: Das sind Fadenlauf bzw. die Pfeilrichtung, Name und Nummer, Stoffbruch, Markierung, Wendeöffnung und kleine Striche.

Folie auf Schnittmuster stecken

Danach schneidest du die Folie so genau wie möglich aus.

5. Zuschneiden

Damit du weißt, wie du die ausgeschnittenen Folienstücke auf den Stoff legen musst, gibt es den Zuschneideplan. Hier ist eingezeichnet, wie die Teile auf dem Stoffstück angeordnet werden. Der Zuschneideplan ist auch auf dem Schnittmusterbogen angegeben.

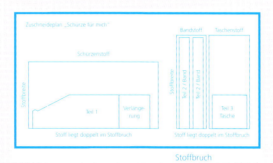

Zuschneideplan

Falls du ein Schnittteil zweimal brauchst, kannst du den Stoff auch doppelt legen und beide Teile gleichzeitig zuschneiden. Auch dies siehst du am Zuschneideplan.

Umrande alle Schnittteile mit Kreide. Schneide entlang der Linie die Schnittteile aus dem Stoff vorsichtig aus.

Angabe Schnittmuster

Bei den jeweiligen Nähprojekten findest du unter „Schnittmuster bearbeiten" immer die Angaben für den richtigen Schnittbogen und wie viele Schnittteile du brauchst. Alle Teile sind mit dem Namen und der Seite des Projektes bezeichnet.

19

Grundlagen

6. Markieren

Auf deinen Schnittmustern gibt es farbige Markierungen (Striche). Sie müssen auf deinen Stoff übertragen werden.

Es gibt zwei Varianten. Welche Variante am besten ist, findest du bei den einzelnen Nähprojekten unter Zuschneiden.

Male sie mit Kreide nach. Dabei musst du die Folie an den Stellen leicht anheben.

Übertrage dir ebenfalls die Namen und Nummern auf die einzelnen Stoffteile. Am besten, bevor du die Folie abnimmst. Wie du sie markierst, kannst du dir selbst aussuchen. Wichtig ist jedoch, dass du die Stoffteile noch zuordnen kannst, nachdem du die Folie von dem zugeschnittenen Stoff abgenommen hast.

Markierung

Markieren mit Kreide

Bei manchen Projekten ist es besser, wenn du sie an den Markierungen ein wenig einschneidest. Es darf aber nur ca. 0,5 cm in den Stoffrand geschnitten werden.

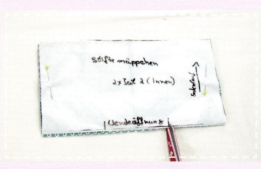
Markieren mit Einschneiden

7. Stoffbruch

Wenn der Stoff doppelt liegt, nennt man die geschlossene Seite „Stoffbruch". Der Stoff wird immer gegenüber der Webkante umgeschlagen.

Stoffbruch – Stoff liegt doppelt

Der Stoffbruch ist deshalb wichtig, weil einige Nähprojekte immer nur halb auf den Schnittmustern aufgezeichnet sind. Dort, wo auf dem Schnittmuster „Stoffbruch" steht, legst du das Schnittmuster an die geschlossene Seite deines Stoffes. Wenn du ihn so ausschneidest und danach den Stoff aufklappst, erhältst du die doppelte und damit richtige Größe.

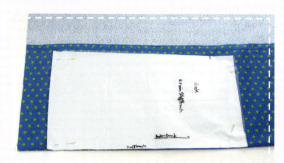

Stoff aufgeklappt

8. Doppelter Stoffbruch

Manchmal wird der Stoffbruch doppelt gelegt. Dafür legst du den Stoff zunächst einfach hin.

Nimm die untere Kante des Stoffes mit der einen Webkante und falte sie bis zur Mitte.

Dann nimmst du die gegenüberliegende Kante des Stoffes, die ebenfalls eine Webkante hat, und schlägst sie auch bis zur Mitte um. Die beiden Stoffkanten mit den Webkanten treffen sich nun in der Mitte. Lege dein Schnittmuster auf der Folie an eine umgeschlagene Seite, dort wo der Stoff geschlossen ist. Verfahre wie beim Zuschneiden.

Zweiter Umschlag

Nimm das Schnittmuster ab, drehe es einmal um und lege es an der anderen umgeschlagenen Seite wieder an. Deine Beschriftung auf der Folie muss jetzt spiegelverkehrt sein. Achte darauf, dass der Fadenlauf beim Auflegen auf den Stoff bei beiden Schnittmustern in die gleiche Richtung verläuft.

Schnittmuster spiegelverkehrt

21

Grundlagen

Volumen- & Bügelvlies

Bügelvlies macht den Stoff fester, Volumenvlies macht den Stoff dicker und weicher. Beide Materialien bekommst du in jedem Stoffgeschäft. Bei den jeweiligen Nähprojekten stehen die genauen Angaben, falls du welches benötigst.

Volumenvlies

Volumenvlies macht den Stoff nicht nur dicker und weicher, sondern auch wärmer. Es gibt ihn unterschiedlich dick und auch zum Aufbügeln.

Zuerst schneidest du das Volumenvlies nach dem Umriss des Stoffteils aus, für das es gedacht ist. Im zweiten Schritt verkleinerst du das Volumenvlies rundherum um einen halben Zentimeter.

Volumenvlies verkleinern

Das Volumenvlies hat eine raue Klebeseite und eine weiche Seite. Lege es mit der rauen Seite auf die nicht schöne Seite deines Stoffes. Es darf nicht größer sein als dein Stoff.

Volumenvlies auflegen

Anschließend drehst du beides zusammen um. Achte darauf, dass sich das Volumenvlies nicht verschiebt.

Nun wird das Vlies durch die Hitze des Bügeleisens fixiert. Dafür beginnst du an einer Ecke und stellst das heiße Bügeleisen auf den Stoff. Halte es etwa zehn Sekunden auf dem Stoff und drücke es leicht an. Dann schiebst du das Bügeleisen ein Stück weiter und hältst es erneut zehn Sekunden. Das machst du so lange, bis das ganze Volumenvlies fixiert ist.

Volumenvlies fixieren

Ob das Volumenvlies fest ist, kannst du prüfen, indem du den Stoff ein wenig drehst und nachschaust.

Volumenvlies kontrollieren

Grundlagen

Bügelvlies

Bügelvlies macht den Stoff fester. Dabei gibt es unterschiedliche Stärken. Welches du genau brauchst, ist bei den einzelnen Projekten angegeben. Bügelvlies wird fast genauso verarbeitet wie Volumenvlies und muss ebenfalls immer etwas kleiner sein als deine Stoffteile.

Zuerst schneidest du das Bügelvlies nach dem Umriss des Stoffteils aus, für das es gedacht ist. Im zweiten Schritt verkleinerst du das Bügelvlies rundherum um einen halben Zentimeter.

Bügelvlies verkleinern

Eine Seite des Bügelvlieses hat eine beschichtete Seite, diese kann entweder glatt und glänzend oder auch rau sein. Das ist die Klebeseite. Diese legst du auf die nicht schöne Seite des Stoffes. Das Stück Bügelvlies darf nie größer sein als dein Stoff.

Bügelvlies auflegen

Das Bügelvlies wird mit der Hitze des Bügeleisens fixiert, indem du das Bügelvlies direkt bügelst. Stelle das Bügeleisen an einer Ecke auf das Vlies und halte es etwa 10 Sekunden fest, während du es leicht andrückst. Achtung: Das Bügeleisen darf nicht zu heiß sein, sonst zieht sich das Bügelvlies zusammen. Schiebe das Bügeleisen ein Stück weiter und halte es wieder 10 Sekunden. Das machst du so lange, bis das ganze Bügelvlies fest ist.

Bügelvlies fixieren

Kontrolliere, ob das Bügelvlies fest am Stoff klebt.

Bügelvlies kontrollieren

Wichtig

Das Bügelvlies muss gut auskühlen, etwa 10 Minuten. Wenn du sofort weiterarbeitest, löst es sich vom Stoff. Falls sich das Bügelvlies beim Weiterarbeiten gelöst hat, kannst du versuchen, es ein weiteres Mal aufzubügeln.

LOS GEHT´S!
MIT EINFACHEN PROJEKTEN WERDEN
JETZT DIE GRUNDLAGEN GEÜBT.
DU FINDEST IMMER DIE VERWEISE
AUF DEN GRUNDLAGENTEIL.

26
KISSEN

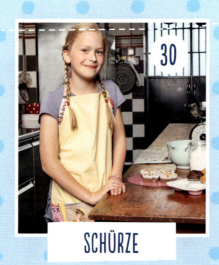
30
SCHÜRZE

34
STOFFBEUTEL

PINSELROLLE 38

STIFTEMÄPPCHEN 42

HANDTASCHE 46

HEFTUMSCHLAG 50

ROCK 54

LOOP 54

Material:
Baumwollstoff:
Breite ab 100 cm
Menge 85 cm

Projekt 1

MEIN KISSEN

Schnittmuster „Kissen" mit 3 Teilen und Zuschneideplan: Bogen 1A

Du brauchst:

Zuschneiden:

Der Stoff liegt einfach. Übertrage das Schnittmuster auf Folie (**Schnittmuster übertragen** s. S. 19). Lege deine Folienvorlage auf den Stoff, so wie auf dem Zuschneideplan beschrieben. Die Nahtzugabe ist im Schnittmuster enthalten. Male mit Kreide um alle Vorlagen herum. Schneide die Schnittteile aus. Übertrage alle Markierungen von deiner Folie auf den Stoff (**Markieren** s. S. 20).

27

Lege das Teil 2 mit der schönen Seite nach oben vor dich hin. Das Teil 1 legst du mit der schönen Seite darauf, sodass die nicht schöne Seite oben liegt. Am rechten Rand liegen beide Stoffe bündig, also Kante auf Kante. Links steht Teil 2 ein bisschen über, da es ein Stück größer ist (siehe Foto). Stecke die rechte Seite quer mit ein paar Nadeln fest (**Stecken** s. S. 10). Nähe mit einer Nahtzugabe von 1 cm die gesteckte Naht (**Nahtzugabe** s. S. 10). Vernähe am Anfang und am Ende (**Vernähen** s. S. 9). Versäubere die genähte Naht (**Versäubern** s. S 12).

Klappe den Stoff auf und bügle auf der schönen Seite die genähte Naht. Lege den genähten Stoff mit der schönen Seite vor dich hin und lege das kleine Teil 3 rechtsbündig und mit der nicht schönen Seite nach oben auf Teil 1. Stecke die rechte Kante wieder quer fest.

Nähe die Naht mit einer Nahtzugabe von 1 cm. Versäubere die genähte Naht. Schlage den Stoff auf und bügle ihn.

Nun bügelst du den Stoff, wie er genäht werden soll. Dafür legst du den Stoff mit der nicht schönen Seite nach oben und der kurzen Kante auf das Bügelbrett. Du schlägst die kurze Seite 2 cm um und bügelst eine Falte, sodass der Stoff so bleibt. Nimm gegebenenfalls für den richtigen Abstand ein kleines Lineal zur Hilfe.

Schlage ein weiteres Mal die Stoffkante 2 cm um und bügle eine Falte. Stecke einige Stecknadeln längs (**Stecken** s. S. 10).

Nähe mit einer Nahtzugabe von 1,5 cm den Umschlag. Ziehe die Stecknadeln beim Nähen heraus. Vernähe am Anfang und am Ende.

Verfahre genauso mit der anderen kurzen Seite.

Lege den Stoff mit der schönen Seite nach oben vor dich hin. Schlage das angenähte Teil 3 bis zur Naht um.

Nimm das Teil 2 und schlage es ebenfalls an der Naht um, sodass dein Kissen bereits gefaltet ist, wie es genäht werden soll. Stecke beide Seitenkanten mit Stecknadeln quer fest.

Nähe die beiden gesteckten Seiten mit einer Nahtzugabe von 1 cm. Vergiss nicht, am Anfang und am Ende zu vernähen, und versäubere beide Seiten. Schneide die Ecken vorsichtig schräg ab (**Ecken schräg abschneiden** s. S. 17).

Wende den Stoff durch die Öffnung auf die schöne Seite und fertig ist das Kissen.

Material:

Schürzenstoff:
Breite: ab 100 cm
(benötigt 60 cm) {Mama 70 cm}
Menge: 100 cm {Mama 110 cm}

Bänderstoff:
Breite: mind. 140 cm
Menge: 25 cm {Mama 30 cm}

Taschenstoff:
Breite: ab 120 cm (benötigt 60 cm)
Menge: 35 cm

Projekt 2

MEINE SCHÜRZE

Schnittmuster „Schürze" mit 3 Teilen und Zuschneideplan: Bogen 1A

Du brauchst:

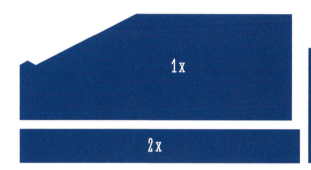

Zuschneiden:

Übertrage das Schnittmuster auf Folie (**Schnittmuster übertragen** s. S. 19). Lege deine Folienvorlage auf den Stoff wie auf den Zuschneideplänen abgebildet. Denke dabei an den Stoffbruch (**Stoffbruch** s. S. 21), der Stoff ist also in der Mitte gefaltet und liegt so doppelt. Die Nahtzugabe ist im Schnittmuster enthalten. Achtung, Teil 1 muss unten verlängert werden, gehe dabei wie in der Anleitung beschrieben vor.

Die Schürze für Mama:

Du findest auf dem Bogen 1A auch ein Schnittmuster „**Schürze für Mama**" mit 2 Teilen und Zuschneideplan für eine große Schürze. Sie hat keine Tasche und du musst den unteren Rand von Teil 1 um 28 cm verlängern. Ansonsten kannst du dich nach der Anleitung richten, um eine Schürze für deine Mama zu nähen. Allein wenn du zum Schluss die Bänder annähst, muss die Nahtzugabe 2 cm betragen.

31

1. Übertrage die Form von der Folie auf den Stoff, achte dabei darauf, dass die eine Kante im Stoffbruch liegt. Verlängere dann Teil 1 am unteren Rand um 24 cm mithilfe eines Lineals.

2. Schneide das Teil 1 aus und folge dabei der verlängerten Linie. Falte den Stoff auf, sodass er plan vor dir liegt, und verlängere den halben Strich auf der Schürze, bis er über die ganze Strecke führt. Diese Linie hilft dir später dabei, die Tasche an die richtige Stelle zu setzen.

3. Teil 2 und Teil 3 überträgst du wie auf dem Zuschneideplan angegeben.

Jetzt noch die anderen!

4. Nimm Teil 3 und lege es mit der schönen Seite nach unten auf das Bügelbrett. Schlage eine lange Seite 2 cm um und bügle die Kante.

Achtung: Wenn du ein Muster in eine Richtung hast, muss das Muster zu dir zeigen. Diese Seite bügelst du zuerst.

5. Schlage ein weiteres Mal 2 cm um, bügle die Kante und stecke den Umschlag mit einigen Nadeln längs fest (**Stecken** s. S. 10).

Ran an die Maschine!

6. Nähe im Geradstich (**Geradstich** s. S. 8) mit einer Nahtzugabe von 1,5 cm den Umschlag fest (**Nahtzugabe** s. S. 10). Ziehe die Nadeln beim Nähen heraus und vernähe am Anfang und am Ende (**Vernähen** s. S. 9).

7. Bügle in die andere lange Seite einen 2 cm breiten Falz, indem du zweimal umschlägst. Das ist die Unterkante der Tasche. Diese legst du mit der schönen Seite nach oben, an der Linie auf Teil 1. Stecke den Stoff mit wenigen Nadeln fest.

8. Nähe die untere Kante füßchenbreit an (**Füßchenbreit nähen** s. S. 11).

9 Lege die Schürze vor dich hin und ziehe mit Kreide und einem Lineal in der Mitte der Tasche einen Strich.

10 Nähe mit dem Geradstich einmal den Strich herunter. Vernähe am Anfang und am Ende.

11 Nun werden bei der Schürze die Kanten umgenäht. Lege den Stoff mit der schönen Seite nach unten vor dich hin. Falte und bügle einen 2 cm breiten Umschlag an einer geraden Kante wie bei der Tasche und stecke ihn fest.

12 Nähe mit einer Nahtzugabe von 1,5 cm den Umschlag. Genauso verfährst du mit den anderen geraden Kanten, jedoch nicht mit den schrägen Kanten, dort werden die Bänder angenäht.

13 Du brauchst zwei Bänder. Dafür legst du den Stoff mit der nicht schönen Seite nach oben. Du bügelst die Bänder wie auf Seite 15 beschrieben (**Bänder nähen** s. S. 15), nähst sie aber nicht zusammen. Bügle die schmalen Kanten 1 cm um.

14 Nun werden Schürze und Bänder zusammengenäht: Lege die Schürze mit der schönen Seite nach oben. Die Bänder legst du an den Rand der Schürze und schiebst den Schürzenrand in den Falz der Bänder.

Achte darauf, dass du oben 40 cm Band zum Binden überstehen lässt.

Nähe das Band an die Schürze, indem du alle Schichten auf einmal nähst, mit einer Nahtzugabe von 1,5 cm. Die schöne Seite der Schürze liegt oben.

15

Fast geschafft!

16 Drehe die Schürze. Das zweite Band nähst du genauso an die andere Kante an und fertig ist deine Schürze. Mache das gleich noch mal mit der Schürze für Mama. Die Angaben findest du im Kasten (s. S. 31).

Material

Beutelstoff:
Stoffbreite: ab 100 cm
(benötigt: 90 cm)
Stoffmenge: 55 cm

Henkelstoff:
Stoffbreite: ab 100 cm
(benötigt: 90 cm)
Stoffmenge: 25 cm

Projekt 3

DER STOFFBEUTEL

Schnittmuster „Stoffbeutel" mit 2 Teilen und Zuschneideplan: Bogen 1B

Du brauchst:

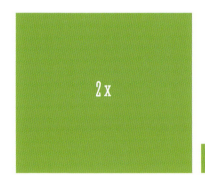

Zuschneiden:

Der Stoff wird in der Mitte gefaltet, sodass er doppelt liegt. Übertrage das Schnittmuster auf Folie (**Schnittmuster übertragen** s. S. 19) und lege die Folienvorlage auf den Stoff. Positioniere sie so wie auf dem Zuschneideplan angegeben, beachte dabei den Stoffbruch (**Stoffbruch** s. S. 21). Die Nahtzugabe ist im Schnittmuster enthalten. Stecke alles mit einigen Nadeln fest.

35

Los geht´s!

1 Nähmaschine und Bügeleisen sind bereit? Dann startest du damit, die Teile zuzuschneiden.

2 Male mit Kreide um alle Vorlagen herum und schneide die Stoffteile aus. Übertrage die Markierung für die Henkel mit Kreide von deiner Folie auf den Stoff (**Markieren** s. S. 20).

3 Für die Tasche legst du beide Teile des Stoffbeutels mit den schönen Seiten aufeinander. Stecke drei Seiten mit den Stecknadeln quer fest, oben bleibt die Tasche offen (**Stecken** s. S. 10). Wenn du einen Stoff mit Musterrichtung hast, zeigt es nach oben.

4 Nähe die drei Seiten mit 1 cm Nahtzugabe zu (**Nahtzugabe** s. S. 10). Nähe am Ende einer Seite um die Ecke (**Um die Ecke nähen** s. S. 13). Vernähe am Anfang und am Ende (**Vernähen** s. S. 9). Versäubere alle drei Seiten (**Versäubern** s. S. 12).

5 Schlage die obere Kante 2 cm um und bügle die Kante. Falte die Kante ein weiteres Mal 2 cm um und bügle wieder.

Du benötigst zwei Henkel. Diese nähst du wie Bänder (**Bänder nähen** s. S. 15).

6 Um die Henkel an die Tasche zu nähen, legst du den genähten Stoffbeutel mit der nicht schönen Seite außen auf dein Bügelbrett.

Klappe den Umschlag leicht zurück und lege ein Henkelende an den Markierungen an.

7 Klappe die gebügelte Kante wieder um.

8 Klappe nun den Henkel noch zurück und stecke ihn mit einer Nadel quer fest. Mache das Gleiche mit den anderen drei Henkelenden.

Lege den Stoff mit Freiarm unter dein Nähfüßchen (**Freiarm** s. S. 12). Die Henkel müssen dabei unter dem Nähfüßchen durchgeschoben werden, damit du die Kante nähen kannst.

Nähe mit einer Nahtzugabe von 0,5 cm die Kante einmal rundherum. Falls du an den Stecknadeln beim Nähen hängen bleibst, ziehe sie vorsichtig heraus. Vernähe am Ende.

Nähe eine zweite Naht mit der Nahtzugabe von 1,5 cm. Ziehe beim Nähen die Stecknadeln heraus. Vernähe am Ende.

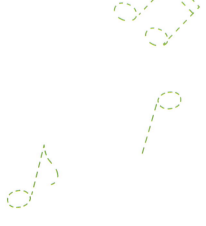

Wende die Tasche auf die schöne Seite und fertig ist dein Stoffbeutel!

Material:

Außen- und Innenstoff:
Breite: mind. 110 cm (benötigt 110 cm)
Menge: 35 cm

Umschlagstoff:
Breite: 100 cm (benötigt 55 cm)
Menge: 35 cm

Bandstoff:
Breite: 100 cm (benötigt 80 cm)
Menge: 10 cm

Volumenvlies H 630:
Breite: 90 cm (benötigt 50 cm)
Menge: 30 cm

Bügelvlies H 250:
Breite: 90 cm (benötigt 50 cm)
Menge: 30 cm

Projekt 4

DIE PINSELROLLE

Schnittmuster „Pinselrolle" mit 2 Teilen und Zuschneideplan: Bogen 1B

Du brauchst:

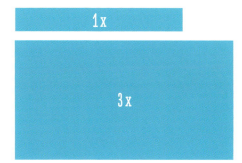

Zuschneiden:

Übertrage das Schnittmuster auf Folie (**Schnittmuster übertragen** s. S. 19) und lege die Folienvorlage auf den Stoff. Wähle, welchen Stoff du für die Pinselrolle benutzen möchtest: einen Stoff für außen, einen Stoff für innen und einen Stoff geklappt (dort kommen die Pinsel rein). Lege sie genauso wie auf dem Zuschneideplan eingezeichnet und beachte dabei den Stoffbruch (**Stoffbruch** s. S. 21). Die Nahtzugabe ist im Schnittmuster enthalten. Umrande die Vorlage mit Kreide und schneide sie dann aus. Übertrage alle Markierungen von deiner Folie auf den Stoff, indem du den Stoff einschneidest (**Markieren** s. S. 20). Schneide das Bügelvlies und das Volumenvlies je einmal in der Größe der Pinselrolle zu, um sie dann rundherum ca. 0,5 cm kleiner zu schneiden (**Volumenvlies/Bügelvlies** s. S. 22/23).

39

1 Auf den Stoff für außen bügelst du das Volumenvlies. Auf den Stoff für innen bügelst du das Bügelvlies.

2 Breite den Stoff, den du umgeklappt für die Pinsel einnähen möchtest, vor dir aus. Lege ihn mit der nicht schönen Seite vor dich hin, klappe ihn in der Mitte einmal längs um und bügle die Kante.

3 Lege den Stoff mit der umgeklappten Seite unter das Nähfüßchen und nähe füßchenbreit (**Füßchenbreit nähen** s. S. 11). Vernähe am Anfang und am Ende (**Vernähen** s. S. 9).

4 Nimm den Stoff für innen und lege den umgeklappten Stoff mit der offenen Kante unten bündig auf die schöne Seite.

5 Stecke ihn mit ein paar Nadeln fest (**Stecken** s. S. 10).

6 Zeichne mithilfe eines Geodreiecks parallel senkrechte Linien auf den umgeklappten Stoff. Der Linienabstand sollte der Pinselbreite entsprechen, die du später in die Rolle einstecken möchtest.

Achtung!
Je nach Dicke der Pinsel brauchst du 2 bis 5 cm. Achte darauf, dass die Linien nicht schief werden.

7 Nun nähst du jeweils entlang der Linie. Dafür vernähst du an der oberen Kante, bevor du mit Geradstich die Linie entlangnähst.

8 Am unteren Ende musst du nicht vernähen. Für den nächsten Strich legst du den Stoff oben neu an und vernähst zunächst wieder, bevor du die ganze Linie entlangnähst. Das machst du bei allen Strichen so.

Bügle das Band wie in der Grundanleitung bei den Bändern beschrieben (**Bänder nähen** s. S. 15). Bevor du es auch entsprechend nähst, klappst du beide kurzen Seiten 1 cm um und bügelst die Kanten. Dann nähst du das Band.

9

Nimm das Innenteil der Pinselrolle und lege es mit der schönen Seite nach oben vor dich hin. An der Markierung auf der rechten Seite legst du das Band an. Dabei nimmst du das Band doppelt und legst es dort mit der geschlossenen Seite an.

10

11 Du legst den Stoff für außen mit der schönen Seite nach unten auf das Innenteil, sodass du das Vlies siehst. Stecke den Stoff mit Nadeln rundherum quer fest (**Stecken** s. S. 10). Stecke auch eine Nadel dort, wo dein Band liegt.

12 Nähe mit einer Nahtzugabe von 1 cm einmal rundherum (**Nahtzugabe** s. S. 10). Beginne an der Markierung der Wendeöffnung (**Wendeöffnung** s. S. 13) und vernähe zuerst.

Nähe die Ecken (**Um die Ecke nähen** s. S. 13). An der zweiten Markierung der Wendeöffnung angekommen, vernähe wieder. Versäubere rundherum (**Versäubern** s. S. 12) die Kanten, aber nicht die Wendeöffnung. Schneide die Ecken ab (**Ecken abschneiden** s. S. 17).

13

Wende den Stoff durch die Wendeöffnung auf die schöne Seite und bügle die Rolle.

14

15 Bei der Nahtzugabe der Wendeöffnung musst du darauf achten, sie nach innen zu bügeln.

16 Stecke die offene Wendeöffnung quer fest. Nähe füßchenbreit die Wendeöffnung zu und noch einmal um die Pinselrolle herum. Denke daran, schön um die Ecken zu nähen. Vernähe am Ende.

41

Material:

Außenstoff:
Breite: 100 cm (benötigt 55 cm)
Menge: 20 cm

Innenstoff:
Breite: 100 cm (benötigt 55 cm)
Menge: 20 cm

Volumenvlies H 630:
Breite: 90 cm (benötigt 55 cm)
Menge: 15 cm

Einfassband Gummi:
Breite: 1,5 cm
Länge: 48 cm

 Projekt 5

DAS STIFTEMÄPPCHEN

Schnittmuster „Stiftemäppchen" mit 2 Teilen und Zuschneideplan: Bogen 1B

Du brauchst:

| 2 x | 2 x |

Zuschneiden:

Übertrage das Schnittmuster auf Folie (**Schnittmuster übertragen** s. S. 19). Die Nahtzugabe ist im Schnittmuster enthalten.

Lege die Folienvorlage auf den Stoff. Verfahre dabei genauso wie auf dem Zuschneideplan angegeben. Der Stoff liegt doppelt. Stecke alles mit einigen Nadeln fest.

Male mit Kreide um alle Vorlagen herum. Schneide dann die einzelnen Schnittteile aus. Übertrage alle Markierungen von deiner Folie auf den Stoff, indem du den Stoff an den Markierungen einschneidest (**Markieren** s. S. 20).

Schneide das Volumenvlies zweimal in der Größe des Stiftemäppchens aus. Danach schneidest du es ca. 0,5 cm rundherum kleiner. Auf beide Stoffe für außen bügelst du das Volumenvlies auf (**Volumenvlies** s. S. 22).

Los geht's!

1 Nimm für das Stiftemäppchen ein Teil 1 und ein Teil 2. Lege sie mit den schönen Seiten aufeinander.

2 Stecke eine lange Seite mit den Stecknadeln quer fest (**Stecken** s. S. 10). Achte darauf, dass an der gesteckten Seite keine Markierungen sind. Wenn du ein Muster in eine Richtung hast, zeigt das Muster zur gesteckten Stoffkante.

3 Nähe die gesteckte Seite mit einer Nahtzugabe von 1 cm zusammen (**Nahtzugabe** s. S. 10). Vernähe am Anfang und am Ende (**Vernähen** s. S. 9). Versäubere dann die Naht (**Versäubern** s. S 12).

4 Nähe genauso die beiden anderen Stoffteile für innen und außen zusammen. Achte wieder darauf, dass an der gesteckten Seite keine Markierungen sind.

Das war doch leicht, oder?

5 Schlage die genähten Stoffstücke auf und bügle sie auf der schönen Seite.

6 Lege die beiden genähten Stoffteile mit den schönen Seiten aufeinander. Dabei liegen die Stoffe für innen aufeinander und die Stoffe für außen ebenso.

7 Nimm das Gummi und schneide zwei gleich große Stücke. Lege sie beide doppelt.

8 Lege das Gummi zwischen die beiden Stoffe für außen an den Markierungen ein. Die offenen Seiten des Gummis liegen auf der Stoffkante.

9 Stecke beide Stoffe rundherum quer fest. Achte darauf, dass rechts und links in der Mitte die Nähte genau aufeinanderliegen.

10 Nähe mit einer Nahtzugabe von 1 cm alle Kanten: Du beginnst an der Wendeöffnung (**Wendeöffnung** s. S. 13) am Innenstoff. Vernähe den Anfang und nähe die Ecken schön (**Um die Ecke nähen** s. S. 13). Vernähe wieder, wenn du an der zweiten Markierung für die Wendeöffnung angekommen bist.

11 Versäubere die Naht, aber Achtung, die Wendeöffnung versäuberst du nicht. Schneide die Ecken schräg ab (**Ecken abschneiden** s. S. 17).

Fast geschafft!

12 Wende den Stoff durch die Wendeöffnung auf die schöne Seite.

13 Die Ecken kannst du vorsichtig mit einer Stecknadel herausholen, sodass sie schön spitz werden.

14 Bügle die Tasche. Die Nahtzugabe der Wendeöffnung bügelst du nach innen.

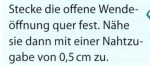

15 Stecke die offene Wendeöffnung quer fest. Nähe sie dann mit einer Nahtzugabe von 0,5 cm zu.

16 Schiebe jetzt die Innentasche in die Außentasche. Bügle die Tasche erneut und dein Stiftemäppchen ist fertig.

Fertig!

45

Material:

Außenstoff:
Breite: 100 cm (benötigt: 70 cm)
Menge: 40 cm

Innen- & Schlaufenstoff:
Breite: 100 cm (benötigt: 70 cm)
Menge: 40 cm

Metallkette:
Länge: 110 cm

Ringe:
Durchmesser: ca. 1,8 cm
Menge: 2

Tipp:
Metallkette und Ringe bekommst du im Baumarkt.

Projekt 6

DIE HANDTASCHE

Schnittmuster „Handtasche" mit 2 Teilen und Zuschneideplan: Bogen 2A

Du brauchst:

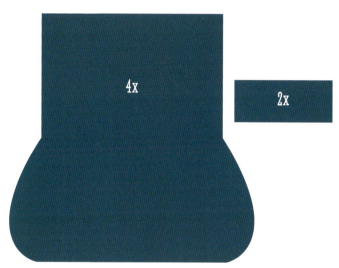

Zuschneiden:

Übertrage das Schnittmuster auf Folie (**Schnittmuster übertragen** s. S. 19). Lege deine Folienvorlage auf den Stoff wie auf dem Zuschneideplan abgebildet. Der Stoff liegt doppelt. Die Nahtzugabe ist im Schnittmuster enthalten.

Male mit Kreide um alle Vorlagen herum und schneide die Schnittteile aus. Du benötigst Teil 1 insgesamt viermal: zweimal als Außenstoff und zweimal als Innenstoff. Übertrage alle Markierungen von deiner Folie auf den Stoff, schneide den Stoff an den Markierungen ein (**Markieren** s. S. 20). Die Markierung „Wendeöffnung" muss auf den Innenstoff, die Markierungen „Schlaufe" gehören auf den Außenstoff.

47

Los geht´s!

1 Nimm ein Teil Stoff für außen und ein Teil Stoff für innen. Lege sie mit den schönen Seiten aufeinander und stecke die kurzen Seiten mit Stecknadeln quer fest (**Stecken** s. S. 10).

2 Nähe die gesteckte Seite mit einer Nahtzugabe von 1 cm zu (**Nahtzugabe** s. S. 10). Vernähe am Anfang und am Ende (**Vernähen** s. S. 9) und versäubere die Naht (**Versäubern** s. S. 12). Mach das Gleiche mit den beiden anderen Stoffteilen für innen und außen.

3 Jetzt nähst du zwei Schlaufen. Verfahre dabei wie bei den Bändern (**Bänder nähen** s. S. 15).

Schlage die genähten Taschenstoffe auf und bügle sie auf der schönen Seite.

4 Lege sie jetzt mit den schönen Seiten aufeinander. Dabei liegen die Stoffe für innen aufeinander und die Stoffe für außen aufeinander.

5 Schneide die beiden Schlaufen je 8 cm lang. Klappe die Schlaufen einmal um, sodass sie nur noch halb so groß sind. Lege sie zwischen die beiden Stoffe für außen an den Markierungen.

Du schaffst das!

6 Die geschlossene Seite der Schlaufen zeigt dabei zum Stoff. Achte darauf, dass die Schlaufen senkrecht zum Stoffrand liegen.

7 Stecke beide Stoffteile mit einigen Stecknadeln quer fest, auch dort, wo die Schlaufen liegen.

8 Nähe mit einer Nahtzugabe von 1 cm um den Stoff herum. Du beginnst an der Wendeöffnung (**Wendeöffnung** s. S. 13) für den Innenstoff. Beachte, dass du hier rund nähen musst (**Rund nähen** s. S. 17). Vernähe die Nahtenden.

9 Vernähe wieder an der zweiten Markierung der Wendeöffnung. Versäubere die Naht, die Wendeöffnung versäuberst du jedoch nicht.

Das sieht doch schon gut aus!

10 Schneide an den Schlaufen den Stoff bis kurz vor der Naht ca. 2 mm ein.

11 Wende den Stoff durch die Wendeöffnung auf die schöne Seite.

12 Bügle die Tasche. Die Nahtzugabe der Wendeöffnung bügelst du nach innen.

13 Stecke die offene Wendeöffnung fest und nähe sie mit einer Nahtzugabe von 0,5 cm zu. Vernähe am Anfang und am Ende.

14 Schiebe die Innentasche in die Außentasche und bügle die Tasche.

15 Stecke die Ringe jetzt in die Schlaufen.

16 Befestige die Kette an den Ringen. Fertig ist die Handtasche.

Material:

Außenstoff:
Breite: 110 cm
(benötigt **A5** 85 cm / **A4** 110 cm)
Menge: **A5** 35 cm / **A4** 45 cm

Taschenstoff:
Breite: 100 cm / 110 cm
(benötigt **A5** 90 cm / **A4** 110 cm)
Menge: **A5** 25 cm / **A4** 30 cm

Einschubstoff:
Breite: 100 cm
(benötigt **A5** 60 cm / **A4** 65 cm)
Menge: **A5** 35 cm / **A4** 45 cm

Volumenvlies H 630:
Breite: 90 cm
(benötigt **A5** 45 cm / **A4** 50 cm)
Menge: **A5** 30 cm / **A4** 40 cm

Projekt 7

DER HEFTUMSCHLAG

Schnittmuster „Heftumschlag" (A4/A5) jeweils mit 3 Teilen und Zuschneideplan: Bogen 2 A

Du brauchst:

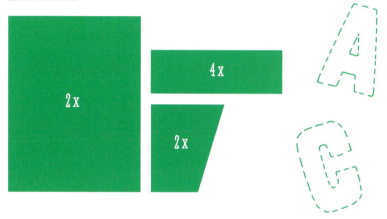

Zuschneiden:

Übertrage das Schnittmuster auf Folie (**Schnittmuster übertragen** s. S. 19). Lege die Folienvorlage auf den Stoff wie auf dem Zuschneideplan abgebildet, beachte dabei den Stoffbruch. Die Nahtzugabe ist im Schnittmuster enthalten. Male mit Kreide um alle Folienteile herum und schneide die einzelnen Stoffstücke aus. Übertrage auch alle Markierungen von deiner Folie auf den Stoff, schneide den Stoff dafür an den Markierungen ein (**Markieren** s. S. 20). Die Markierung für die „Wendeöffnung" muss außen und innen auf beide Stoffe für den Heftumschlag übertragen werden.

Schneide das Volumenvlies einmal in der Größe des Heftumschlages aus. Danach schneidest du es ca. 0,5 cm rundherum kleiner. Auf den Außenstoff für den Heftumschlag bügelst du das Volumenvlies auf (**Volumenvlies** s. S. 22).

51

Lege zwei Teile 3 für den Einschub des Heftumschlages mit den schönen Seiten aufeinander. Stecke eine lange Seite mit Stecknadeln quer fest (**Stecken** s. S. 10).

Nähe mit einer Nahtzugabe von 1 cm die zuvor gesteckte Naht (**Nahtzugabe** s. S. 10). Vernähe am Anfang und am Ende (**Vernähen** s. S. 9) und versäubere die genähte Naht (**Versäubern** s. S 12).

Klappe den Stoff um und bügle die genähte Naht auf der schönen Seite.

Klappe den Stoff ein weiteres Mal um und bügle die genähte Kante. Mache Schritt 1 bis 4 mit den anderen beiden Teilen für den Einschub des Heftumschlages.

Nimm die beiden Teile für die Tasche des Heftumschlages und lege sie mit den schönen Seiten aufeinander. Stecke die abgeschrägte Seite mit Stecknadeln quer fest.

Nähe mit einer Nahtzugabe von 1 cm die gesteckte Naht. Vernähe am Anfang und am Ende und versäubere die genähte Naht.

Klappe den Stoff um und bügle die Naht auf der schönen Seite.

Klappe ihn ein weiteres Mal um und bügle wieder die Naht.

Lege den Stoff ohne Volumenvlies für den Heftumschlag mit der schönen Seite vor dich hin und lege die genähten Einschübe innen rechts und links an. Die genähten Nähte des Einschubes zeigen nach innen.

9

Lege darauf den Taschenstoff für den Heftumschlag unten bündig an.

10

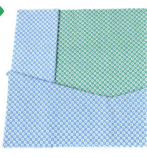

Du kannst das!

11 Du legst den zweiten Stoff für den Umschlag mit dem Vlies nach oben auf die anderen Stoffteile. Achte darauf, dass die Markierungen der Wendeöffnung aufeinanderliegen, und stecke ihn rundherum mit Nadeln quer fest.

12 Nähe mit einer Nahtzugabe von 1 cm um den Stoff. Du beginnst an der Wendeöffnung (**Wendeöffnung** s. S. 13) und nähst rundherum. Vernähe die Naht am Anfang und am Ende, wenn du an der zweiten Markierung der Wendeöffnung ankommst.

Versäubere die Naht, aber Achtung, die Wendeöffnung versäuberst du nicht. Schneide die Ecken ab (**Ecken abschneiden** s. S. 17) und wende den Stoff durch die Wendeöffnung auf die schöne Seite.

13

Auch die Umschlagklappe wendest du mit. Die Ecken kannst du mit einer Stecknadel herausholen.

14

15 Bügle den Heftumschlag. Die Nahtzugabe der Wendeöffnung bügelst du nach innen.

16 Stecke die offene Wendeöffnung quer fest und nähe füßchenbreit einmal um den ganzen Stoff herum (**Füßchenbreit nähen** s. S. 11).

So nähst du automatisch die Wendeöffnung zu und dein Heftumschlag ist fertig.

53

Material:

Baumwollstoff:
Breite: alle Größen mind. 120 cm
Menge: (Größe 152) 55 cm / (Größe 158) 60 cm / (Größe 164) 65 cm

Gummiband:
Länge: alle Größen 90 cm
Breite: 2 cm

Projekt 8+9

MEIN ROCK

Schnittmuster „Rock" mit 1 Teil (Größe 152/158/164) und Zuschneideplan: Bogen 2 B

Du brauchst:

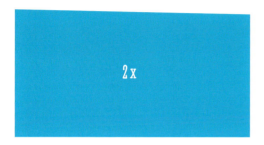

Zuschneiden:

Suche aus den drei unterschiedlichen Größen deine heraus und übertrage das Schnittmuster auf Folie (**Schnittmuster übertragen** s. S. 19). Bestimme die Länge deines Gummis, indem du es einmal um deine Taille legst und es ein wenig stramm ziehst, aber nicht zu fest. Gib noch 2 cm dazu und schneide das Gummi ab.

Lege deine ausgeschnittene Folie auf den Stoff, so wie auf dem Zuschneideplan abgebildet. Die Nahtzugabe ist im Schnittmuster enthalten. Du musst den Stoff in den doppelten Stoffbruch legen (**Doppelter Stoffbruch** s. S. 21).

Male mit Kreide um die Folienteile herum und schneide das erste Schnittteil aus. Übertrage alle Markierungen von deiner Folie auf den Stoff, indem du den Stoff einschneidest (**Markieren** s. S. 20). Entferne die Folie und lege sie auf der anderen Seite des Stoffes im Stoffbruch an. Denke daran, dass sie spiegelverkehrt aufgelegt werden muss. Male mit Kreide ein zweites Mal herum und schneide jetzt auch das zweite Schnittteil aus. Übertrage wieder alle Markierungen von deiner Folie auf den Stoff, indem du den Stoff einschneidest.

MEIN LOOP

Schnittmuster „Loop" mit 1 Teil und Zuschneideplan: Bogen 2 B

Du brauchst:

Zuschneiden:

Übertrage das Schnittmuster auf Folie (**Schnittmuster übertragen** s. S. 19). Lege dein ausgeschnittenes Folienstück auf den Stoff, so wie auf dem Zuschneideplan abgebildet. Beachte dabei den Stoffbruch. Die Nahtzugabe ist im Schnittmuster enthalten.

Male mit Kreide um die Folienteile herum und schneide die Stoffteile aus. Übertrage alle Markierungen auf den Stoff, indem du sie mit Kreide markierst (**Markieren** s. S. 20).

Material:

Außenstoff:
Breite: 140 cm (benötigt 85 cm)
Menge: 40 cm

Innenstoff:
Breite: 140 cm (benötigt 85 cm)
Menge: 40 cm

MEIN ROCK

Lege beide Teile für den Rock mit den schönen Seiten aufeinander. Achte auf oben, also den Bund, und unten, den Saum. Stecke beide Seiten quer (**Stecken** s. S. 10).

Nähe mit einer Nahtzugabe von 1 cm (**Nahtzugabe** s. S. 10). Vernähe am Anfang und am Ende (**Vernähen** s. S. 9) und versäubere die Naht (**Versäubern** s. S. 12).

Lege den genähten Rock mit der nicht schönen Seite auf dein Bügelbrett. Schlage oben, also am Bund, 3 cm um und bügle die Kante.

Schlage ein weiteres Mal 3 cm um und bügle erneut.

Markiere dir mit Kreide eine Öffnung von 3 cm Breite. Dort ziehst du später das Gummi durch.

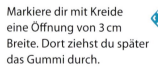

Nähe mit Freiarm (**Freiarm nähen** s. S. 12) und mit einer Nahtzugabe von 2,5 cm. Vernähe am Anfang und am Ende. Achtung, zwischen der Markierung nähst du jedoch nicht.

Jetzt bist du schon fast fertig!

7 Gehe genauso unten am Saum vor, dort benötigst du aber keine Öffnung, sondern nähst ganz herum.

8 Stich eine Sicherheitsnadel am Anfang deines Gummis durch.

Ziehe die Sicherheitsnadel mit dem Gummi durch die Öffnung des Bunds.

9

10 Dann ziehst du das Gummi durch den ganzen Bund einmal rundherum. Die Sicherheitsnadel hilft dir, das Gummi durch den Stoff zu schieben.

11 Wenn das Gummi ganz durch ist, ziehe es auf beiden Seiten ein wenig heraus und nähe es mit dem Zickzackstich zusammen (**Zickzackstich** s. S. 9).

12 Stecke und nähe die noch offene Stelle zu. Vernähe am Anfang und am Ende. Dein Rock ist fertig.

MEIN LOOP

Lege die beiden Stoffe mit den schönen Seiten aufeinander. Achte darauf, dass die Markierungen der Wendeöffnung aufeinanderliegen. Stecke mit Stecknadeln die beiden langen Seiten quer fest (**Stecken** s. S. 10).

Nähe beide Seiten mit einer Nahtzugabe von 1 cm (**Nahtzugabe** s. S. 10). Die Wendeöffnung (**Wendeöffnung** s. S. 13) bleibt offen. Vernähe sowohl am Anfang als auch am Ende der Wendeöffnung (**Vernähen** s. S. 9).

Wende den Stoff zunächst komplett auf die schöne Seite. Wende ihn dann zur Hälfte wieder zurück und stopfe den Stoff hinein, bis sich die kurzen Seiten treffen.

Stecke die kurzen Seiten quer fest. Achtung, es dürfen immer nur zwei Stofflagen zusammengesteckt werden. Nach dem Stecken kannst du durch deinen Schal hindurchsehen.

Nähe den gesteckten Stoff mit einer Nahtzugabe von 1 cm mit dem Freiarm (**Freiarm nähen** s. S. 12). Vernähe am Ende.

Wende den Stoff durch die Wendeöffnung auf die schöne Seite.

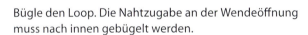

Bügle den Loop. Die Nahtzugabe an der Wendeöffnung muss nach innen gebügelt werden.

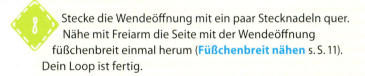

Stecke die Wendeöffnung mit ein paar Stecknadeln quer. Nähe mit Freiarm die Seite mit der Wendeöffnung füßchenbreit einmal herum (**Füßchenbreit nähen** s. S. 11). Dein Loop ist fertig.

WEITER GEHT´S!
DIE GRUNDLAGEN KANNST DU JETZT.
NUN KOMMEN AUFWENDIGERE PROJEKTE,
DIE NOCH MEHR SPASS MACHEN.

62
KULTURBEUTEL

66
ÜBERNACHTUNGSTASCHE

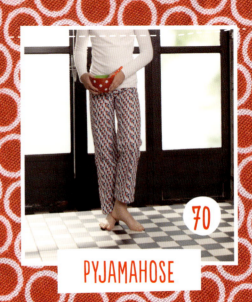

70
PYJAMAHOSE

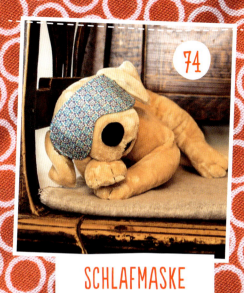
74 SCHLAFMASKE

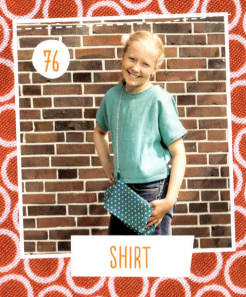
76 SHIRT

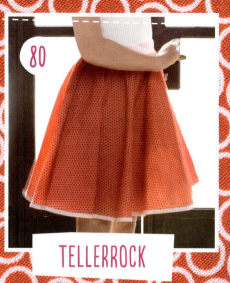
80 TELLERROCK

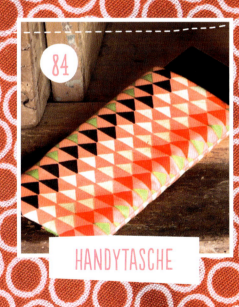
84 HANDYTASCHE

86 KORB

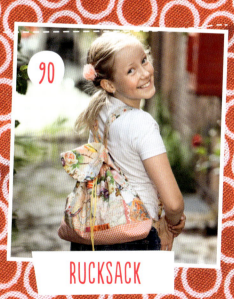
90 RUCKSACK

Material:

Außenstoff:
Breite: 100 cm (benötigt 80 cm)
Menge: 30 cm

Innenstoff:
Breite: 100 cm (benötigt 80 cm)
Menge: 30 cm

Innentaschenstoff:
Breite: 100 cm (benötigt 90 cm)
Menge: 25 cm

Volumenvlies H 630:
Breite: 90 cm (benötigt 80 cm)
Menge: 30 cm

Bügelvlies H 250:
Breite: 90 cm (benötigt 80 cm)
Menge: 30 cm

Endlosreißverschluss:
Breite: 2,5 cm
Länge: 65 cm
2 Zipper, schon aufgezogen

DER KULTURBEUTEL

Schnittmuster „Kulturbeutel" mit 4 Teilen und Zuschneideplan: Bogen 3B

Du brauchst:

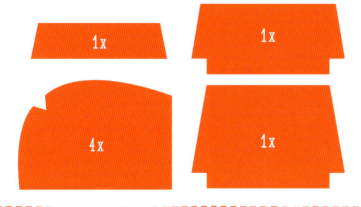

Zuschneiden:

Übertrage das Schnittmuster auf Folie. Die Nahtzugabe ist im Schnittmuster enthalten. Sowohl der Außenstoff als auch der Innenstoff liegt doppelt. Lege deine ausgeschnittenen Folienteile auf den Stoff wie auf dem Zuschneideplan beschrieben. Male mit Kreide um alle Folienteile herum und schneide die einzelnen Stoffteile aus.

Volumenvlies / Bügelvlies:

Übertrage zweimal Teil 4 auf das Bügelvlies und das Volumenvlies. Schneide alle vier Teile ca. 0,5 cm rundherum kleiner. Auf beide Außenstoffteile bügelst du das Volumenvlies auf die nicht schöne Seite. Auf die beiden Innenstoffteile bügelst du das Bügelvlies.

---

1 Schneide 30 cm von dem Reißverschluss ab. Auf beiden Reißverschlüssen muss je ein Zipper bleiben.
Achtung: Nimm keine Stoffschere dafür.

2 Schiebe den Zipper so weit wie möglich an den Rand. Lege den Reißverschluss mit dem Zipper nach oben vor dich hin.

3 Nimm das Stoffteil 2 für den Innenbeutel und lege es mit der schönen Seite auf den Reißverschluss. Die Kanten liegen dabei aufeinander. Stecke einige Nadeln längs fest.

Das schaffst du!

4 Um einen Reißverschluss einzunähen, brauchst du ein Reißverschlussfüßchen. Sieh in deiner Gebrauchsanweisung nach, wie du das Nähfüßchen wechselst. Das Reißverschlussfüßchen kannst du rechts oder links einsetzen.

63

5 Setze das Reißverschlussfüßchen in diesem Fall links ein.

Nähe mit dem Reißverschlussfüßchen einmal am Reißverschluss entlang. Es darf nicht auf den Reißverschlusszähnchen genäht werden. Ziehe beim Nähen die Nadeln heraus.

6 Klappe den Stoff auf und bügle ihn.

7 Lege das Stoffteil 1 genauso auf der anderen Seite des Reißverschlusses oben an. Es liegen die schönen Seiten aufeinander.

Stecke und nähe genauso wie im ersten Schritt. Klappe den Stoff auf und bügle ihn.

8 Schiebe den Zipper in die Mitte des Reißverschlusses. Lege das Stoffteil 3 mit der schönen Seite auf die schöne Seite deines genähten Teils. Stecke drei Seiten mit Nadeln quer fest. Die obere Kante bleibt offen.

9 Nähe mit einer Nahtzugabe von 1 cm drei Seiten. Jetzt wieder mit dem normalen Nähfüßchen. Die Ecken werden nicht zugenäht. Vernähe am Anfang und am Ende und versäubere dann.

10 Ziehe die Ecken auseinander. Lege die offene Ecke aufeinander. Stecke sie mit zwei Nadeln quer fest.

11 Nähe mit einer Nahtzugabe von 1 cm die Ecke. Vernähe vorn und hinten. Achte darauf, die ganze Ecke zu schließen, indem du zuerst rückwärts- und dann vorwärtsnähst. Mach dasselbe mit der anderen Ecke. Wende den Innenbeutel dann auf die schöne Seite.

12 Nimm ein Stoffteil 4 für außen und lege es mit der schönen Seite vor dich hin. Lege den Reißverschluss mit der Außenseite darauf. Lege den Innenbeutel jetzt mittig auf den Reißverschluss. Du solltest den Reißverschluss des Innenbeutels nicht sehen können.

13 Lege jetzt ein Teil 4 für innen mit der schönen Seite auf den Reißverschluss. Der Reißverschluss ist nicht mehr zu sehen. Stecke einige Nadeln längs fest.

14 Nähe mit dem Reißverschlussfüßchen an der gesteckten Kante entlang. Vernähe am Anfang und am Ende.

15 Klappe den Stoff auf. Nimm das andere Teil 4 für außen und lege es auf die Außenseite des Reißverschlusses.

Drehe den Stapel an Stoffteilen dann auf die andere Seite.

16 Auf die Kante des Reißverschlusses legst du das andere Teil 4 für innen. Stecke und nähe wie schon die erste Seite des Reißverschlusses. Schiebe dabei den Zipper in die Mitte.

17 Klappe den Stoff auf. Der Stoff für außen liegt aufeinander, ebenso der Stoff für innen. Stecke rundherum einige Nadeln quer fest.

18 Markiere mit Kreide auf dem Innenstoff eine Wendeöffnung von 14 cm.

Jetzt hast du es fast geschafft!

19 Nähe mit einer Nahtzugabe von 1 cm alle vier Seiten (normales Nähfüßchen!). Die Ecken und die Wendeöffnung werden nicht zugenäht. Nähe alle vier Ecken wie bei dem Innenbeutel. Schneide dann den Reißverschluss bis zum Stoff zurück.

20 Wende den Kulturbeutel über die Wendeöffnung. Die Naht der Wendeöffnung bügelst du nach innen. Stecke einige Nadeln entlang der Wendeöffnung. Nähe sie mit einer Nahtzugabe von 0,5 cm zu. Schiebe den Innenbeutel in den Außenbeutel – fertig!

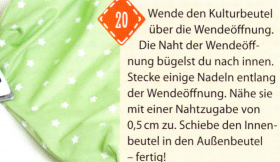

65

Material:

Taschenstoff:
Breite: 140 cm
Menge: 145 cm

Projekt 2

GROSSE ÜBERNACHTUNGSTASCHE

Schnittmuster „Übernachtungstasche" mit 3 Teilen und Zuschneideplan: Bogen 3B

Du brauchst:

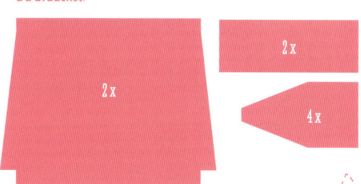

Zuschneiden:

Übertrage das Schnittmuster auf Folie. Die Nahtzugabe ist im Schnittmuster enthalten. Lege die Folienteile auf den Stoff wie auf dem Zuschneideplan abgebildet. Achte auf den Stoffbruch. Male mit Kreide um die Folienteile herum und schneide die Schnittteile aus. Übertrage alle Markierungen von deiner Folie auf den Stoff, indem du sie mit Kreide markierst.

Lege die beiden Stoffteile 1 mit den schönen Seiten aufeinander. Stecke drei Seiten mit den Stecknadeln quer fest, oben bleibt die Tasche offen. Wenn du ein Muster in eine Richtung hast, zeigt das Muster nach oben.

Nähe die drei Seiten mit einer Nahtzugabe von 1 cm und versäubere anschließend. Die Ecken werden nicht zugenäht. Lege die Tasche mit den offenen Ecken vor dich hin.

Ziehe eine der unteren Ecken auseinander.

Lege die offenen Stoffenden aufeinander.

Stecke sie mit zwei Nadeln quer fest.

Nähe mit einer Nahtzugabe von 1 cm. Vernähe vorn und hinten. Achte darauf, dass du die ganze Ecke zunähst, indem du zuerst rückwärts- und dann vorwärtsnähst. Versäubere anschließend. Nähe die andere Ecke dann genauso.

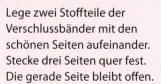

Die Henkel nähst du genauso wie Bänder (**Bänder nähen** s. S. 15).

Lege zwei Stoffteile der Verschlussbänder mit den schönen Seiten aufeinander. Stecke drei Seiten quer fest. Die gerade Seite bleibt offen.

Nähe mit einer Nahtzugabe von 1 cm die drei Seiten. Wende den Stoff auf die schöne Seite und bügle ihn.

Das andere Verschlussband nähst du genauso.

9 Lege die genähte Tasche mit der nicht schönen Seite auf dein Bügelbrett.

Weiter geht´s!

10 Schlage die offene Seite 2 cm um und bügle sie.

Schlage sie ein weiteres Mal 2 cm um und bügle erneut.

11 Lege ein Verschlussband und einen Henkel an die Markierungen und schiebe beides unter die gebügelte Kante.

12 Klappe Henkel und Verschlussband wieder zu dir hin. Stecke sie mit einigen Nadeln quer fest. Mache dasselbe auf der anderen Seite der Tasche.

13 Miss mit einem Lineal vom Umschlag aus 2 cm ab und strichle dir eine Nählinie mit Kreide auf das Verschlussband und auf den Henkel.

14 Lege den Stoff mit dem Freiarm unter dein Nähfüßchen. Henkel und Verschlussband müssen unter dem Nähfüßchen durchgeschoben werden.

Jetzt ist es fast geschafft!

15 Nähe mit einer Nahtzugabe von 0,5 cm einmal rundherum. An den Henkeln und den Verschlussbändern nähst du auf deiner Kreidelinie. Wenn du an den Stecknadeln beim Nähen hängen bleibst, ziehe sie heraus. Vernähe am Ende.

16 Nähe füßchenbreit eine zweite Naht an der linken Kante. Ziehe beim Nähen die Stecknadeln und vernähe am Ende.

Wende die Tasche auf die schöne Seite und die Tasche ist fertig.

69

Material:

Hosenstoff:
Breite: alle Größen mind. 140 cm
Menge: (Größe 152) 125 cm / (Größe 158) 130 cm / (Größe 164) 135 cm

Gummiband:
Länge: alle Größen 95 cm
Breite: 2,5 cm

Projekt 3

DIE PYJAMAHOSE

Schnittmuster „Pyjamahose" in 2 Teilen und Zuschneideplan: Bogen 4A

Du brauchst:

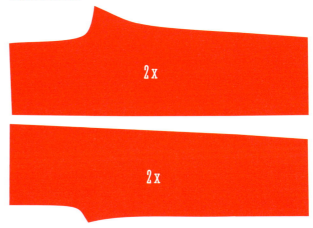

Zuschneiden:

Suche deine Größe aus den drei unterschiedlichen Größen heraus. Übertrage das Schnittmuster auf Folie. Achtung, du musst die Teile 1 und 2 verlängern, indem du jeweils die Verlängerungen an den Ansatz „Verlängerung" anlegst, um ein langes Bein zu erhalten. Die Nahtzugabe ist im Schnittmuster enthalten.

Lege das Gummi einmal um deine Hüfte und zieh es ein wenig stramm, nicht zu fest. Gib 2 cm dazu und schneide es an dieser Stelle ab.

Lege die Folie auf den Stoff wie im Zuschneideplan beschrieben. Stecke alles mit einigen Nadeln fest. Male mit Kreide um die Folienteile herum und schneide die einzelnen Teile dann aus. Übertrage alle Markierungen von deiner Folie auf den Stoff.

1 Lege ein Stoffteil 1 mit der schönen Seite vor dich hin. Nimm dann ein Stoffteil 2 und lege es mit der schönen Seite darauf.

2 Stecke die lange gebogene Kante bis zur Spitze, die zu dir weist, mit einigen Nadeln quer fest.

3 Nähe mit einer Nahtzugabe von 1 cm diese Seite. Vernähe am Anfang und am Ende und versäubere dann.

4 Stecke nun die lange gerade Kante des Beins fest. Nähe mit einer Nahtzugabe von 1 cm diese Seite. Vernähe am Anfang und am Ende und versäubere anschließend. Mache dasselbe mit den anderen beiden Seiten für das zweite Bein.

5 Wende ein genähtes Bein auf die schöne Seite. Stülpe die beiden Beine ineinander, sodass die schönen Seiten aufeinanderliegen und die nicht schöne Seite außen.

6 Stecke die Rundung oben mit Nadeln quer fest.

7 Nähe mit einer Nahtzugabe von 1 cm nur die Rundung zu. Vernähe am Anfang und am Ende und versäubere dann.

8 Ziehe ein Bein wieder heraus. Die Hose liegt nun auf der nicht schönen Seite.

Lege die Pyjamahose auf dein Bügelbrett. Schlage oben am Bund 3,5 cm um und bügle die Kante.

Schlage ein weiteres Mal 3,5 cm um und bügle erneut die Kante.

Markiere dir mit Kreide eine Öffnung von 3 cm. Dort ziehst du später das Gummi durch.

Stecke den Bund rundherum mit einigen Nadeln quer fest.

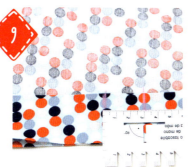

9

Nähe mit dem Freiarm mit einer Nahtzugabe von 3 cm. Beginne an der vorderen Markierung. Zwischen der Markierung nähst du nicht. Vernähe am Anfang und Ende.

10

11 Nimm eine Sicherheitsnadel. Mache sie am Anfang des Gummis fest.

Ziehe das Gummi durch die Öffnung durch den Bund.

12 Wenn das Gummi ganz durch ist, ziehe es auf beiden Seiten ein wenig heraus und nähe es mit dem Zickzackstich zu.

Stecke und nähe die noch offene Stelle zu. Vernähe am Anfang und am Ende.

Ziehe deine Pyjamahose an. Du solltest dabei die nicht schöne Seite sehen können.

13

Markiere mit einer Nadel, wo dein Hosenbein enden soll. Schlage es unten einmal um, bis zur Hälfte der Nadel. Bügle die Kante. Schlage den Stoff erneut um, bis zu deiner Nadel. Bügle den Umschlag.

14

15 Stecke einige Nadeln quer fest. Nähe mit dem Freiarm füßchenbreit an der umgeschlagenen Seite einmal um dein Hosenbein herum. Vernähe am Anfang und am Ende.

16 Mache dasselbe mit dem anderen Hosenbein. Wende deine Hose dann auf die schöne Seite.

Schon fast fertig!

73

Material:

Außenstoff:
Breite: 100 cm (benötigt 25 cm)
Menge: 15 cm

Innenstoff:
Breite: 100 cm (benötigt 25 cm)
Menge: 15 cm

Volumenvlies H 630:
Breite: 90 cm (benötigt 25 cm)
Menge: 15 cm

Gummiband:
Breite: 1 cm
Länge: 40 cm

DIE SCHLAFMASKE

Schnittmuster „Schlafmaske" mit 1 Teil und Zuschneideplan: Bogen 2B

Du brauchst:

2 x

Zuschneiden:

Übertrage das Schnittmuster auf Folie. Die Nahtzugabe ist im Schnittmuster enthalten.

Der Stoff liegt einfach. Lege die Folie auf den Stoff wie im Zuschneideplan abgebildet.

Male mit Kreide um die Folienteile herum. Schneide die einzelnen Teile aus und übertrage alle Markierungen von deiner Folie auf den Stoff, indem du den Stoff einschneidest.

Volumenvlies:

Schneide das Volumenvlies nach der Vorlage von Teil 1 aus und verkleinere es ca. 0,5 cm rundherum. Bügle es auf das Stoffteil für innen.

Projekt 4

1 Schneide das Gummiband ca. 34 cm ab. Lege das Stoffteil für außen mit der schönen Seite vor dich hin. Lege das Gummi an den Markierungen an. Achtung: Es muss in der Mitte liegen. Stecke beide Seiten rechts und links mit Nadeln fest.

2 Das Stoffteil für innen legst du mit der schönen Seite auf das Stoffteil für außen. Du solltest jetzt die nicht schönen Seiten sehen können. Stecke beides rundherum mit einigen Nadeln quer fest.

Jetzt aufpassen!

3 Ziehe die Nadeln an dem Gummi vorsichtig heraus und stecke sie durch das Gummi und die beiden Stoffteile. Die Markierungen für die Wendeöffnung liegen aufeinander.

4 Nähe mit einer Nahtzugabe von 1 cm. Hier musst du rund nähen. Beginne an der vorderen Markierung der Wendeöffnung.

5 Vernähe am Anfang und am Ende der Wendeöffnung. Schneide die Nahtzugabe rundherum mit einem Abstand von 1 cm bis kurz vor der Naht ein.

6 Wende die Schlafmaske über die Wendeöffnung auf die schöne Seite. Die Nahtzugabe der Wendeöffnung bügelst du nach innen.

7 Nähe mit einer Nahtzugabe von 0,5 cm einmal um die Schlafmaske herum.

Und schon bist du fertig!

75

Material:

Leinenstoff:
Breite: alle Größen mind. 100 cm
Menge: alle Größen 140 cm

Projekt 5

DAS SHIRT

Schnittmuster „Shirt" in 5 Teilen und Zuschneideplan: Bogen 4B

Du brauchst:

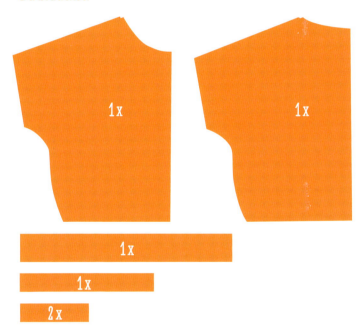

Zuschneiden:

Suche deine Größe aus den drei unterschiedlichen Größen heraus. Übertrage das Schnittmuster auf Folie. Die Nahtzugabe ist im Schnittmuster enthalten.

Lege die Folienteile auf den Stoff wie auf dem Zuschneideplan beschrieben. Stecke alles mit einigen Nadeln fest. Achte auf den Stoffbruch. Male mit Kreide um alle Folienteile herum. Schneide dann die einzelnen Teile aus.

1 Lege die Teile 1 und 2 mit den schönen Seiten aufeinander. Stecke die beiden Seiten und die Schultern mit einigen Nadeln quer fest (nicht Hals- und Armausschnitt).

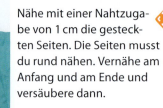

2 Nähe mit einer Nahtzugabe von 1 cm die gesteckten Seiten. Die Seiten musst du rund nähen. Vernähe am Anfang und am Ende und versäubere dann.

Damit hast du schon den Hauptteil!

3 Lege Teil 4 für das Halsausschnitt-Bündchen mit der nicht schönen Seite vor dich hin. Schlage es einmal längs um und bügle die Kante.

4 Schlage es wieder zurück und lege die kurzen Seiten mit den schönen Seiten aufeinander. Stecke sie zusammen und nähe mit einer Nahtzugabe von 1 cm. Vernähe am Anfang und am Ende und versäubere anschließend.

5 Schlage es wieder um und bügele die Kante.

Mache dasselbe mit den anderen 3 Bündchen.

6 Wende dein Shirt auf die schöne Seite. Der Halsausschnitt zeigt dabei zu dir. Markiere mit einem Kreidestrich die Mitte des Halsausschnittes hinten.

7 Schiebe das Bündchen für den Halsausschnitt mit der geschlossenen Seite zuerst über den Halsausschnitt. Beginne an der markierten Stelle und lege dort das Bündchen mit der genähten Kante an.

8 Die Stoffkante des Shirts liegt auf der Stoffkante des Bündchens.

9 Stecke das Bündchen mit einigen Nadeln längs rundherum fest.

10 Nähe mit dem Freiarm, mit einer Nahtzugabe von 1 cm, einmal um das Bündchen herum. Ziehe beim Nähen die Stecknadeln heraus. Vernähe am Anfang und am Ende und versäubere.

11 Lege das Shirt mit der Unterkante zu dir vor dich hin. Schiebe das Bündchen für unten mit der geschlossenen Seite zuerst über dein Shirt, genauso wie beim Halsausschnitt.

12 Stecke rundherum einige Nadeln längs fest. Beginne an deiner Seitennaht, dort liegt die Naht des Saum-Bündchens.

13 Nähe jetzt so, wie du den Halsausschnitt bereits genäht hast. Vernähe am Anfang und am Ende und versäubere zum Schluss.

Das kannst du schon!

14 Die Bündchen für die Ärmel werden genauso gesteckt, Naht auf Naht. Stecke die Nadeln jetzt aber von innen.

15 Nähe die Armbündchen von innen fest, nicht mit dem Freiarm. Vernähe am Anfang und am Ende und versäubere.

16 Bügle zum Schluss alle Bündchen nach außen und fertig ist das Shirt!

Material:

Rockstoff:
Breite: alle Größen mind. 130 cm
Menge: (Größe 152) 120 cm / (Größe 158) 130 cm / (Größe 164) 130 cm

Bündchenstoff:
Breite: alle Größen mind. 100 cm
Menge: alle Größen 15 cm

Gummiband:
Länge: 80 cm alle Größen
Breite: 2,5 cm

Schrägband:
Länge: (Größe 152) 3,80 m / (Größe 158) 4 m / (Größe 164) 4,10 m
Breite: 2 cm

Projekt 6

DER TELLERROCK

Schnittmuster „Tellerrock" mit 2 Teilen und Zuschneideplan: Bogen 4B

Du brauchst:

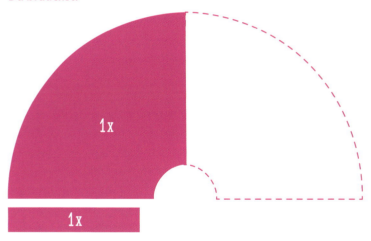

Zuschneiden:

Suche deine Größe aus den drei unterschiedlichen Größen heraus. Übertrage das Schnittmuster auf Folie. Die Nahtzugabe ist im Schnittmuster enthalten.

Lege die Folie wie auf dem Zuschneideplan beschrieben auf den Stoff. Bei Teil 2 kannst du wie gewohnt verfahren. Teil 1 muss gespiegelt werden, gehe wie in der Anleitung beschrieben vor.

Lege das Gummi einmal um deine Taille und ziehe es ein wenig stramm, nicht zu fest. Gib 2 cm dazu und schneide es an dieser Stelle ab.

81

1. Beginne an der linken Stoffseite. Stecke die Folie mit einigen Nadeln fest. Male mit Kreide um das Schnittmuster herum.

2. Nimm das Schnittmuster ab und lege es an der langen Linie verkehrt herum an. Die Schrift auf dem Schnittmuster muss jetzt spiegelverkehrt sein.

Wie einfach!

3. Male mit Kreide ein weiteres Mal um das Schnittmuster herum. Schneide das Schnittteil entlang der runden Linien aus. Übertrage alle Markierungen von deiner Folie auf den Stoff.

4. Klappe das Schrägband längs um und bügle es. Wende den Rock auf die schöne Seite. Lege den Saum zwischen das Schrägband. Nähe füßchenbreit 4 cm am Schrägband entlang.

5. Kontrolliere, ob dein Stoff genau zwischen dem Schrägband liegt. Nähe immer nur ein paar Zentimeter und kontrolliere wieder, ob der Stoff zwischen dem Schrägband liegt.

Stück für Stück – gleich ist es geschafft!

6. Nähe so einmal um den Saum herum. Wenn das Schrägband am Ende zu lang ist, schneide es so ab, dass es 1 cm über dem schon genähten Schrägband liegt. Vernähe am Anfang und am Ende.

7. Bügle den Stoff für den Bund längs, mit der schönen Seite außen.

8. Schlage ihn wieder auf und lege die kurzen Seiten des Bundes mit den schönen Seiten aufeinander. Stecke sie mit zwei Nadeln quer fest.

9 Nähe mit einer Nahtzugabe von 1 cm die kurze Seite. Vernähe am Anfang und am Ende und versäubere dann.

Schlage den Stoff um, mit der schönen Seite außen und der Naht innen.

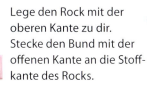

10 Lege den Rock mit der oberen Kante zu dir. Stecke den Bund mit der offenen Kante an die Stoffkante des Rocks.

11 Markiere dir mit Kreide eine Öffnung von 4 cm. Dort ziehst du später das Gummi durch.

12 Nähe mit einer Nahtzugabe von 1 cm mit dem Freiarm einmal um deinen Rock herum. Beginne an der Öffnung. Der Rock sollte unter dem Tunnel immer glatt liegen. Vernähe am Anfang und am Ende und versäubere, aber nicht die Öffnung.

13 Nimm eine Sicherheitsnadel. Mache sie am Anfang des Gummis fest.

14 Ziehe das Gummi durch die Öffnung und einmal rundherum durch den ganzen Bund.

15 Wenn das Gummi ganz durch ist, ziehe beide Enden ein wenig heraus und nähe sie mit dem Zickzackstich zusammen. Nähe mehrmals vor und zurück.

16 Stecke und nähe die Öffnung zu.

Vernähe am Anfang und am Ende. Versäubere anschließend die Öffnung. Dein Tellerrock ist fertig.

83

DIE HANDYTASCHE

So berechnest du die Größe für dein Handy:

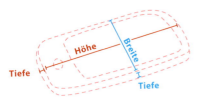

Schnittmuster Höhe: Höhe+Tiefe+3 cm

Schnittmuster Breite: Breite+Tiefe+3cm

Mit dieser Anleitung kannst du ebenfalls eine Tasche für ein Tablet berechnen. Zeichne deine berechnete Größe auf ein Papier und schneide es aus. Das ist jetzt dein Schnittmuster.

Du brauchst:

Zuschneiden:

Der Stoff liegt doppelt. Lege deine Vorlage auf den Stoff. Stecke alles mit einigen Nadeln fest. Die Nahtzugabe ist im Schnittmuster enthalten. Male mit Kreide um alle Vorlagen herum. Schneide die einzelnen Teile aus.

Volumenvlies:

Schneide das Volumenvlies nach deiner Vorlage zweimal aus und verkleinere es ca. 0,5 cm rundherum. Auf beide Außenstoffteile bügelst du das Volumenvlies.

Material:

Außenstoff:
Breite: 100 cm (benötigt 40 cm)
Menge: 20 cm

Innenstoff:
Breite: 100 cm (benötigt 40 cm)
Menge: 20 cm

Volumenvlies H 640:
Breite: 90 cm (benötigt 40 cm)
Menge: 20 cm

Projekt 7

1 Lege ein Stoffteil für außen und innen mit den schönen Seiten aufeinander und stecke eine kurze Seite quer fest. Wenn du ein Muster hast, zeigt es zu den Nadeln. Nähe die gesteckte Seite mit einer Nahtzugabe von 1 cm. Vernähe am Anfang und am Ende und versäubere.

2 Mache dasselbe mit den beiden anderen Stoffteilen für innen und außen. Schlage die genähten Teile auf und bügle sie auf der schönen Seite.

3 Lege die genähten Teile mit den schönen Seiten aufeinander. Dabei liegen der Stoff für innen und der Stoff für außen aufeinander. Stecke den Stoff einmal rundherum mit einigen Nadeln quer fest. Die kurze Seite beim Innenstoff steckst du nicht fest.

4 Nähe mit einer Nahtzugabe von 1 cm die drei gesteckten Seiten. Beginne an der offenen kurzen Seite. Denke daran, um die Ecke zu nähen. Vernähe am Anfang und am Ende und versäubere die drei genähten Seiten.

5 Wende den Stoff durch die kurze, nicht genähte Seite.

6 Bügle die Tasche. Die Öffnung unten bügelst du 1 cm nach innen.

7 Stecke die gebügelte Öffnung mit zwei Nadeln quer fest. Nähe sie mit einer Nahtzugabe von 0,5 cm zu und vernähe am Anfang und am Ende.

8 Schiebe die Innentasche in die Außentasche und bügle die Tasche. Fertig!

85

Projekt 8

Material:
Das Stoffmuster muss in alle Richtungen gehen (Beispiel: Pünktchen).

Außenstoff:
Breite: 100 cm (benötigt 70 cm)
Menge: 70 cm

Innenstoff:
Breite: 100 cm (benötigt 70 cm)
Menge: 70 cm

Volumenvlies H 630:
Breite: 90 cm (benötigt 70 cm)
Menge: 70 cm

Bügelvlies H 250:
Breite: 90 cm (benötigt 70 cm)
Menge: 70 cm

DER KORB

Schnittmuster „Korb" mit 1 Teil und Zuschneideplan: Bogen 3A

Du brauchst:

Zuschneiden:

Übertrage das Schnittmuster auf Folie. Die Nahtzugabe ist im Schnittmuster enthalten. Der Stoff liegt einfach. Lege dein ausgeschnittenes Schnittmuster auf den Stoff wie auf dem Zuschneideplan beschrieben. Stecke alles mit einigen Nadeln fest. Male mit Kreide um die Folienvorlage herum und schneide die einzelnen Teile aus. Übertrage alle Markierungen von deiner Folie auf den Stoff.

Volumenvlies/Bügelvlies:

Schneide Volumen- und Bügelvlies je einmal nach der Vorlage zu und verkleinere beides um ca. 0,5 cm rundherum. Auf das Stoffteil für innen bügelst du das Volumenvlies. Auf das Stoffteil für außen bügelst du das Bügelvlies.

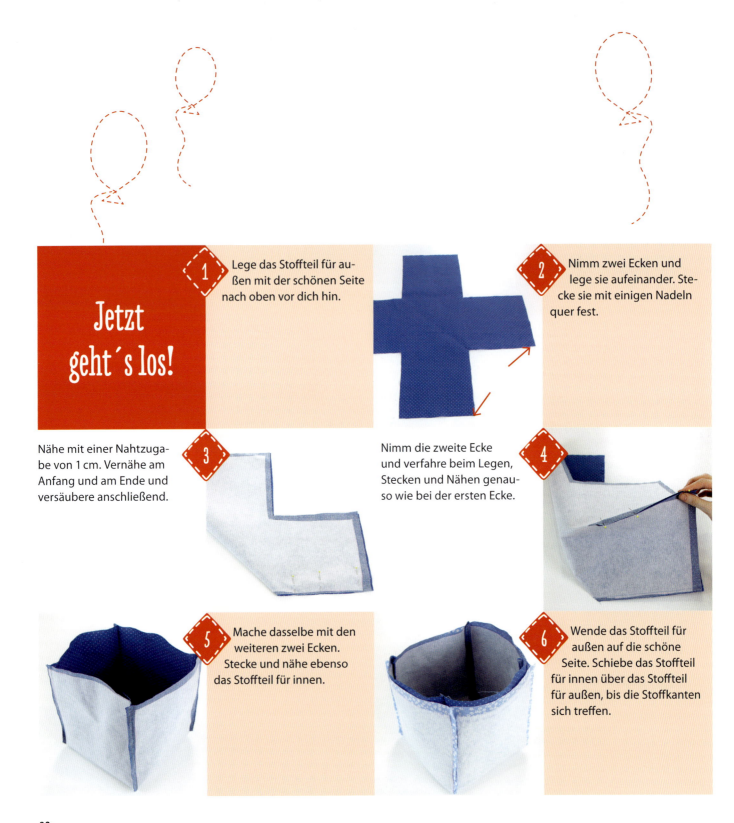

Jetzt geht´s los!

1 Lege das Stoffteil für außen mit der schönen Seite nach oben vor dich hin.

2 Nimm zwei Ecken und lege sie aufeinander. Stecke sie mit einigen Nadeln quer fest.

3 Nähe mit einer Nahtzugabe von 1 cm. Vernähe am Anfang und am Ende und versäubere anschließend.

4 Nimm die zweite Ecke und verfahre beim Legen, Stecken und Nähen genauso wie bei der ersten Ecke.

5 Mache dasselbe mit den weiteren zwei Ecken. Stecke und nähe ebenso das Stoffteil für innen.

6 Wende das Stoffteil für außen auf die schöne Seite. Schiebe das Stoffteil für innen über das Stoffteil für außen, bis die Stoffkanten sich treffen.

Du bist richtig gut!

7 Stecke die Stoffkante mit einigen Nadeln quer rundherum fest. Die Nähte des Außen- und Innenteils liegen aufeinander.

8 Markiere die Wendeöffnung von 14 cm mit Kreide.

9 Nähe mit dem Freiarm mit einer Nahtzugabe von 1 cm rundherum. Beginne an der vorderen Markierung der Wendeöffnung. Vernähe am Anfang und am Ende und versäubere die Naht, aber nicht die Wendeöffnung.

10 Wende den Korb über die Wendeöffnung auf die schöne Seite. Die Naht der Wendeöffnung bügelst du nach innen und steckst sie fest. Bügle einmal die gesamte obere Kante.

11 Nähe mit der Nahtzugabe von 0,5 cm einmal um den ganzen Korb herum. Schlage den Korb oben ein wenig um.

Yay, fertig!

DER RUCKSACK

Schnittmuster „Rucksack" in 6 Teilen und Zuschneideplan: Bogen 3A

Du brauchst:

Zuschneiden:

Übertrage das Schnittmuster auf Folie. Die Nahtzugabe ist im Schnittmuster enthalten. Lege die Folienteile auf den Stoff wie im Zuschneideplan beschrieben. Achte auf den Stoffbruch. Stecke alles mit einigen Nadeln fest. Male mit Kreide um alle Folienteile herum und schneide die einzelnen Teile aus. Übertrage alle Markierungen von deiner Folie auf den Stoff, indem du ihn einschneidest.

Volumenvlies:

Schneide das Volumenvlies nach Vorlage des Teils 5 (Boden) zweimal aus und verkleinere es um ca. 0,5 cm rundherum. Auf beide Stoffteile 5 bügelst du das Volumenvlies.

Material:

Außenstoff:
Breite: 100 cm
Menge: 85 cm

Innenstoff:
Breite: 100 cm
Menge: 70 cm

Volumenvlies H 630:
Breite: 90 cm
Menge: 15 cm

Kordel:
0,4 cm dick
80 cm lang
Kordelverschluss

Projekt 9

1. Lege beide Stoffteile 3 mit den schönen Seiten aufeinander. Stecke drei Seiten mit einigen Nadeln quer fest, die obere Kante sowie die Wendeöffnung bleiben offen.

2. Nähe mit einer Nahtzugabe von 1 cm die drei Seiten. Die Wendeöffnung bleibt dabei offen. Vernähe am Anfang und am Ende und versäubere die Naht, aber nicht die Wendeöffnung. Die Ecken werden nicht zugenäht.

3. Du ziehst die Ecken auseinander und legst die Kanten aufeinander.

4. Stecke sie mit zwei Nadeln quer fest.

5. Nähe mit einer Nahtzugabe von 1 cm die Ecke. Vernähe vorn und hinten und achte darauf, dass du die ganze Ecke zunähst, indem du rückwärts- und dann vorwärtsnähst. Versäubere dann die Naht. Mache dasselbe mit der anderen Ecke.

6. Lege die beiden Teile 2 mit den schönen Seiten aufeinander. Stecke drei Seiten mit Nadeln quer fest, nicht die gerade Seite. Nähe mit einer Nahtzugabe von 1 cm. Achtung, hier musst du rund nähen. Vernähe am Anfang und am Ende und versäubere.

Das war doch nicht schwer?

7. Schneide die Rundungen bis kurz vor der Naht ein. Wende die Klappe auf die schöne Seite und bügle sie.

8. Die Henkel nähst du genauso wie Bänder. Lege das Stoffteil 1 mit der schönen Seite nach oben vor dich hin. Stecke die beiden Henkel unten an den Markierungen mit je einer Nadel fest.

9 Lege ein Stoffteil 5 mit der schönen Seite auf das Stoffteil 1. Die Henkel sind jetzt verdeckt. Stecke die lange Seite mit ein paar Nadeln quer fest.

10 Ziehe vorsichtig die Nadeln an den Henkeln heraus und stecke sie durch alle Stoffteile.

11 Nähe mit einer Nahtzugabe von 1 cm an der Kante entlang. Vernähe am Anfang und am Ende und versäubere die Naht.

Die anderen Teile 5 und 1 nähst du genauso, nur ohne Henkel.

12 Lege die beiden genähten Stoffteile mit den schönen Seiten aufeinander. Nähe sie wie die Innenseite in Schritt 1 bis 5, nur ohne Wendeöffnung.

13 Lege Teil 6 mit der nicht schönen Seite vor dich hin. Bügle die beiden kurzen Seiten 1 cm um.

14 Nähe die beiden kurzen Seiten füßchenbreit.

15 Lege das Stoffteil für den Tunnel mit der nicht schönen Seite auf dein Bügelbrett. Schlage ihn längs um und bügle die Kante.

16 Wende die Außenseite des Rucksacks auf die schöne Seite. Stecke die Henkel an den Markierungen in der Mitte fest. Achtung: Die Henkel dürfen sich nicht verdrehen.

17 Stecke darauf die Klappe fest. Richte dich nach den Markierungen in der Mitte.

18 Drehe den Rucksack auf die Vorderseite und stecke den Tunnel fest. Beginne an der rechten Markierung und stecke rundherum.

19 Schiebe jetzt die Innenseite über die Außenseite des Rucksacks, bis sich die Kanten treffen. Du siehst die nicht schöne Seite der Innenseite.

20 Ziehe vorsichtig die Nadeln und stecke sie in alle Stoffteile.

Nähe mit einer Nahtzugabe von 1 cm mit dem Freiarm einmal oben rundherum. Vernähe am Ende und versäubere anschließend.

21 Wende den Rucksack durch die Wendeöffnung auf die schöne Seite.

22 Bügle die Nahtzugabe der Wendeöffnung nach innen.

Nähe mit einer Nahtzugabe von 0,5 cm die Wendeöffnung zu. Schiebe das Innenteil in den Rucksack.

23 Nimm eine Sicherheitsnadel. Mache sie am Anfang deiner Kordel fest und ziehe die Kordel durch die Öffnung des Tunnels.

24 Ziehe die Kordel durch den Kordelverschluss. Fertig ist der Rucksack!

Tipp:
Damit die Kordel nicht ausfranst, kannst du sie am Ende ca. 1 cm mit klarem Nagellack bestreichen.

LUST AUF MEHR?

BLITZSCHNELL BASTELN
Kleine Ideen für zwischendurch
Preis: 7,99 € (D) / 8,30 € (A)
ISBN 978-3-649-**66894**-7

SELBST GESTEMPELT
Tolle Ideen für Stoff und Papier
Preis: 7,99 € (D) / 8,30 € (A)
ISBN 978-3-649-**66895**-4

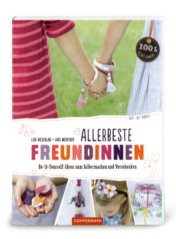

ALLERBESTE FREUNDINNEN
Do-It-Yourself-Ideen zum Selbermachen und Verschenken
Preis: 7,99 € (D) / 8,20 € (A)
ISBN 978-3-649-**62103**-4

ICH FEIERE GEBURTSTAG
Do-It-Yourself-Party-Sachen selber machen
Preis: 7,99 € (D) / 8,20 € (A)
ISBN 978-3-649-**66756**-8

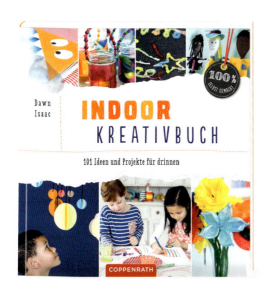

INDOOR KREATIVBUCH
101 Ideen und Projekte für drinnen
Preis: 16,95 € (D) / 17,50 € (A)
ISBN 978-3-649-**66936**-4

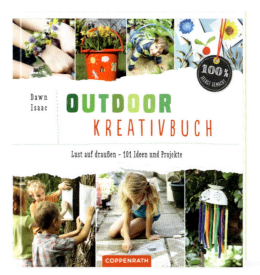

OUTDOOR KREATIVBUCH
Lust auf draußen – 101 Ideen und Projekte
Preis: 16,95 € (D) / 17,50 € (A)
ISBN 978-3-649-**61939**-0

EINFACH HANDGEMACHT
Über 80 Do-it-youself-Ideen
für kleine und große Hände
Preis: 19,95 € (D) / 20,40 € (A)
ISBN 978-3-649-**62075**-4

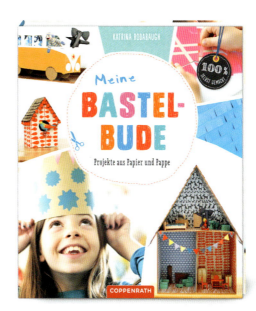

MEINE BASTELBUDE
Projekte aus Papier und Pappe
Preis: 14,95 € (D) / 15,40 € (A)
ISBN 978-3-649-**66793**-3

Danke!

Ein ganz herzlicher Dank geht an die geduldigen Fotomodelle in diesem Buch: Andrea, Ida, Ida und Viola, ihr wart einfach klasse! Genauso waren Hannah, Marlene und Natalie super Handmodelle. Tausend Dank für eure Geduld.

Außerdem danken wir Moritz Hagedorn, Maren Jeschke und Nele Teschler für ihren Einsatz beim Fotoshooting. Linda Thomßen war eine große Hilfe bei den Korrekturen. Ein ganz besonderes Dankeschön geht an Joshua Senger für den Aufbau und das Anlegen der Schnittmuster.

Alle verwendeten Stoffe in diesem Buch sind von der Tuchhandlung Volkermann, Münster.

Impressum
Alle Tipps und Informationen in diesem Buch sind sorgfältig ausgewählt und geprüft. Dennoch können weder Urheber noch Verlag eine Garantie übernehmen. Eine Haftung für Personen-, Sach- und Vermögensschäden ist ausgeschlossen.

Haftungsausschluss für Links
Urheber und Verlag haften nicht für Schäden, die durch das Aufrufen der im Buch aufgeführten Internetseiten oder die Verwendung ihrer Inhalte entstehen. Web-Links können sich ändern oder veralten. Für alle im Buch aufgeführten Internetseiten, deren Inhalte und ihre technische Sicherheit sind ausschließlich die Betreiber verantwortlich.

5 4   20 19 18
ISBN 978-3-649-62084-6
© 2016 Coppenrath Verlag GmbH & Co. KG,
Hafenweg 30, 48155 Münster, Germany
CH: Baumgartner Bücher AG,
Centralweg 16, 8910 Affoltern a.A.
Alle Rechte vorbehalten, auch auszugsweise

Redaktion: Regina Herr
Layout & Satz: Ute Kleim
Modellfotos: Björn Jarosch
Arbeitsschrittbilder: Alexander Buck

Printed in Latvia
www.coppenrath.de